新时代大学生领导力的
多维探索与提升路径研究

房维维 ● 著

复旦大学出版社

2024年度教育部人文社会科学研究青年基金项目"中国式现代化域外传播的话语体系建构研究"（24YJC710017）

2021年度国家社会科学基金艺术学项目"红色旅游与公众国家认同的文化逻辑及其建构策略研究"（21BH163）

浙江理工大学学术著作出版资金资助（2025年度）

浙江省习近平新时代中国特色社会主义思想研究中心浙江理工大学研究基地资助

序　言

当这部《新时代大学生领导力的多维探索与提升路径研究》即将付梓之际，我怀着双重欣慰——既为青年学者房维维十年深耕的思想结晶终成体系而欣喜，更见证了一粒学术种子如何在马克思主义理论学习中长成新竹的动人历程。

作为房维维的硕士生导师，我有幸见证她从青涩学子蜕变为青年学者的完整轨迹。2013年，这位思想政治教育专业研究生以《浙江省大学生领导力现状调查及对策研究》为学位论文叩响学术之门时，或许未曾料到，这场始于硕士阶段的探索竟升华为贯穿十年的学术志业。在当下速生速朽的学术生态中，这份对特定领域持续深耕的定力，恰如她笔下所言"领导力的本质是持久的影响力"，折射出研究者最珍贵的品质。

本书最鲜明的学术品格，在于用思想政治教育理论之光解构领导力培育密码。因而，这本书是明确以思想政治教育的理论和青年领导力为其研究对象的。在这一点上，它与其他研究领导力的管理学著作有很大不同。作为一本思想政治教育理论的著作，它具有自己鲜明的特点。（一）观点新。她创造性提出大学生领导力内涵的六维模型，即实践能力、团队合作能力、政治素养、情绪智力、自我管理能力、领导意识。（二）方法实。她采用理论研究与实证研究相结合的方法，系统解析了大学生领导力的内涵，并深入探讨了大学生领导力的提升路径。尤为突出的是,她将2013年浙江省高校大学生领导力现状的阶段性研究成果,与本次基于全国大样本调查中浙江省高校的追踪数据进行了纵向对比分析。

(三)视角新。本书首次在高校场域中阐释数字领导力的核心内涵。数字化转型正深刻影响当代社会的各个领域,高校大学生的领导力教育也需顺应这一趋势,应充分关注数字领导力的培养。

关于大学生领导力的研究,国内学术界一直有不同的看法。这本书的问世,有力地证明:大学生领导力是一个综合素质体系,具有开放性特征。基于思想政治教育视角的大学生领导力研究,不但完整揭示了大学生领导力内涵的六维模型,而且具体分析了基于2013—2024年浙江省大学生领导力培养的显著演进特征。同时,这本书在提出提升大学生领导力的路径时,着重从培养理念、培养内容、培养方法这三个角度出发进行探讨,所得出的对策具有现实启发性。无论是深耕青年发展研究的学者,还是寻求科学教育方法的家长,抑或是从事群团工作的实践者,这本书都将会为你带来独特的启发。当在学术探索中需要理论参照时,它是值得研读的专著;当面临教育实践困惑时,它也能提供一定的解决方案。这种理论与实践的交融,也是本书最打动我的地方。

当然,这本书不可避免地会存在这样或那样不完美的地方。但是我还是相信这本书在青年领导力的研究上是具有创新意义的,因此欣然为此作序。

杜兰晓

2025年5月

自 序

　　青年发展研究始终是我学术深耕的主要领域,尤以大学生领导力培育机制的理论建构与实践创新为持续聚焦的方向。青年发展研究通过解析代际特征的生成逻辑与社会结构转型的互动机制,动态映射现代化进程中的代际演进图谱。为此,基于2013年首次系统性调研,本书于十周年之际(2024年)启动覆盖全国高校的追踪研究。长期的跟踪调查显示,大学生领导力平均水平从2013年浙江地区的2.7分(5分制)提升至2024年全国范围的4分。基于历时性研究框架的系统观测(2013—2024),关键指标的显著性演进特征不仅验证了理论预设的有效性,更建构起学术探索与社会价值创造的协同机制,揭示知识生产与青年发展能级跃迁的深度耦合关系。

　　近十年来,学界在大学生领导力的理论建构与实践探索方面取得了显著突破。李秀娟在思想政治教育与领导力培育的融合机制方面开创了新的理论范式;陶思亮开发的领导力动态评估体系为实证研究提供了科学工具;崔文霞的中美比较研究则为本土化培养路径提供了重要镜鉴。前辈学者们开创性的研究为后续工作打下了基础,也让我更清楚地看到继承与创新的共生关系。在全球化深入发展与技术革命加速演进的时代背景下,青年领导力的内涵已超越传统认知边界,呈现出跨文化胜任力、数字化领导力和变革性创新力等全新特征。

本次研究的重启,源于对新时代青年发展需求的长期观察和深入思考。尽管现有研究已构建较为完整的理论框架,但在百年未有之大变局和价值观多元碰撞的背景下,大学生领导力的生成逻辑与实践路径正发生着深刻变革。青年作为民族复兴的中坚力量,其领导力的发展不仅关乎个体成长发展,更与国家治理体系和治理能力现代化的建设密切相关。如何培养具有家国情怀与全球视野、理论素养与实践智慧、创新精神与社会责任的新时代青年领导者,已成为一项战略性研究课题。

本书采用比较分析与跨区域实证调查相结合的方法,旨在系统揭示大学生领导力发展的代际特征及其演进规律。在研究设计上,既注重十年变迁的纵向追踪,又力求构建多维度评价体系;在理论层面,致力于为领导力教育的范式转型提供坚实的学理支撑;在实践层面,旨在为学校和家庭的育人体系优化提供可操作的路径参考。需要特别说明的是,尽管研究团队在样本选择、数据分析等方面力求严谨,但由于研究条件和认知局限,难免存在不足之处,恳请学界同仁批评指正。

在此,我要向为本研究提供理论指导的学界前辈、给予实践支持的教育工作者、负责著作出版的编辑以及参与调研的广大师生表示诚挚的感谢。青年问题研究如同薪火相传的接力事业,我期待更多研究者加入其中,共同为构建具有中国特色和世界影响力的领导力教育体系贡献力量。

房维维

2025 年 2 月

目　录

第一章
绪 论

第一节　选题缘起与研究意义

一、选题缘起

习近平总书记指出，"青年一代的理想信念、精神状态、综合素质，是一个国家发展活力的重要体现，也是一个国家核心竞争力的重要因素"。[①] 大学生领导力的培育，紧密契合《教育强国建设规划纲要(2024—2035 年)》(以下简称《纲要》)的战略部署，不仅是推动《纲要》落地生根的关键举措，更是为国家青年发展战略筑牢理论根基、贡献实操性强的实践方案，助力培育担当民族复兴大任的时代新人。

首先，全球各领域对具备卓越领导力人才的需求呈井喷之势。当前，传统理念与实践方式已难以契合新时代对全方位领导力素养的要求。虽然国内外高校日益重视领导力培养，但在实践中仍

---

① 习近平.论党的青年工作[M].北京：中央文献出版社,2022：140.

存在诸多问题。其一,部分教育者存在认知偏差,把领导力简单等同于"职位权力"或"管理技巧",忽视了其作为综合性素养的丰富内涵,致使培养目标流于狭隘。其二,众多高校的课程体系以理论教学为主,缺乏情境化、项目制的实践平台。学生在面对实际问题时,容易出现决策能力不足、跨文化沟通困难等问题。其三,领导力具有动态性和多维性,可现有的评价工具多关注短期行为指标,未充分考虑价值观、伦理决策等深层维度。这给高校培养学生的综合领导能力带来了巨大挑战。

其次,构建一个既植根于中华优秀传统文化,又能回应数字化时代治理需求的大学生领导力发展模型,已成为高等教育研究领域亟待解决的重要课题。当前高校在构建符合中国特色的领导力模型时面临双重挑战。一方面,现有研究多依赖西方领导力理论(如变革型领导、服务型领导),但以上理论难以解释中国传统文化中"修身齐家治国平天下"的价值体系、集体主义伦理观等核心特质。另一方面,数字技术发展催生的虚拟团队管理、跨平台协作等新场景,对传统领导力内涵提出了创新要求。因此,探索符合中国本土化的大学生领导力发展路径,已成为高等教育领域亟待突破的重要研究方向。

最后,在生成式人工智能不断普及的现实条件下,构建符合《中国教育现代化2035》战略要求的大学生领导力培养体系具有重要现实意义。2019年2月23日,中共中央、国务院印发《中国教育现代化2035》。文件指出"完善教育质量标准体系,制定覆盖全学段、体现世界先进水平、符合不同层次类型教育特点的教育质量标准,明确学生发展核心素养要求"。[①] 领导力作为现代教育质

---

① 　https://www.gov.cn/zhengce/2019-02/23/content_5367987.htm。

量标准的战略支点,兼具基础性组织能力与高阶价值维度的双重特质。高等教育机构通过建构"认知、实践、反思"螺旋递进的培养体系,能够系统塑造学生在不确定性环境中的战略预判力与变革执行力。该培养范式不仅能推动个体实现从技术专精到战略引领的素养跃升,更为《中国教育现代化2035》提出的核心素养框架提供了实践路径,实质性促进了从专业教育向全人教育的范式转型。

二、研究意义

首先,破解高校体制机制中对领导力培养重视不足的瓶颈,明确教育体系亟待优化的关键环节。当前我国高等教育规模持续扩大,但在体制机制上对大学生领导力培养的重视仍显不足。部分高校在人才培养方案和课程设置中,未能充分融入领导力训练内容。这种现状不仅制约了高等教育质量的全面提升,也难以满足社会对高层次领导人才的迫切需求。通过系统剖析大学生领导力培养的现状与存在问题,有助于明确高等教育体系中亟待改进的关键环节,为高校在课程改革、实践基地建设以及校企合作等方面提供切实可行的建议,从而推动教育改革更好地服务于国家战略与社会发展大局。

其次,回应个体成长诉求,激发学生从被动追随向主动引领的转变。在社会转型与多重变革的背景下,大学生不仅需要具备扎实的专业技能,还应拥有快速适应和引领变化的能力。加强领导力培养能够显著提升大学生应对社会与职场挑战的能力,包括增强应变能力、强化团队协作以及提高决策水平。通过参与实践项目、模拟管理活动和公共事务处理,学生能够在真实情境中积累管理经验,为未来承担社会治理和公共管理职责奠定基础。同时,培养具有创新精神和引领能力的青年人才,不仅能够缓解"领袖危机",还能持续为社会输送符合时代要求的领导力量。

最后,拓宽领导力理论视野,构建精准有效的育人体系。本书依托实证分析方法,对大学生领导力各项能力维度进行细化与量化,为现有领导力理论增添全新视角和实证支撑。研究不仅揭示了各能力维度间的内在逻辑关系,还为高校提供了更具针对性和操作性的培养方案与实践框架。该成果可直接应用于课程体系设计、实践活动规划及评价机制构建,推动大学生领导力研究向系统化、精准化方向发展。这一探索既丰富了领导力理论的本土化内涵,也为新时代教育改革与创新人才培养提供了重要的理论支撑和实践指导。

第二节　国内外研究动态

一、国内研究现状

(一)国内大学生领导力研究的发展历程

国内关于大学生领导力的研究起步相对较晚,其发展历程与我国高等教育改革的深化以及社会人才需求结构的转型密切相关。从历史演进的角度来看,可以划分为以下几个阶段。

1. 初期探索阶段

在我国高等教育从精英化向大众化转型的初期阶段,社会对大学生综合素质的要求不断提升。此时,国内学者开始关注大学生领导力的研究,并大量借鉴了国外的领导力理论成果,主要通过翻译和介绍国外经典著作与研究报告来推动这一领域的发展。如库泽斯(James Kouzes)与波斯纳(Barry Posner)共同撰写的《领导力》就是一部极具影响力的著作。该书自首次出版以来,已被翻译成多种语言,全球销量超过 200 万册。书中提出的五种领导力实践包括"以身作则""共启愿景""挑战现状""使众人行"和"激励人心",为领导者提供了实用的行动框架。库泽斯和波斯纳的研究成果不仅在全球范围内广受认可,也对中国的领导力研究与实践产生了深远影响,为国内学者和实践者提供了重要的理论参考和实践指导。

与此同时,国内研究的重点逐渐转向领导力的概念、理论模型的梳理及其本土化应用。学者们致力于将国外理论与我国大学生的实际情况相结合,探索适合中国教育背景的领导力培养模式。然而,由于学术界对这一新兴领域的关注相对较少,该阶段的研究成果较为有限,主要集中在少量报刊和专业书籍中,尚未形成广泛的社会影响力。尽管如此,这些初步探索为后续的深入研究奠定了基础,同时也为高校开展领导力培养实践提供了初步的理论依据和方向指引。

2. 转型发展阶段

进入 21 世纪,随着我国经济的快速发展和国际竞争的日益加剧,社会对大学生领导力的培养愈发重视。国内学者在深入探讨大学生领导力的内涵、构成要素及影响因素的同时,也逐步探索其培养路径,例如通过开设领导力课程、组织培训项目等方式,推动领导力教育的实践化发展。在研究方法上,学者们逐渐从早期的文献分析扩展至实证研究,部分学者通过问卷调查、访谈等方式,系统分析了大学生领导力的现状及其影响因素,为理论研究和实践应用提供了更为科学和全面的依据。这一阶段的探索不仅丰富了领导力研究的理论体系,也为高校培养具有全球竞争力的高素质人才提供了重要支持。

　　具体而言,通过对多所高校学生的问卷调查,研究揭示了大学生领导力的发展现状,并深入分析了个人特质、家庭背景、学校环境等多维因素与领导力之间的关系。这些实证研究不仅丰富了学术领域的研究成果,还为高校领导力培养提供了数据支持与理论依据。此外,相关研究逐渐引起教育管理者和学生工作者的关注,为高校领导力教育的实践提供了科学指导和参考依据。然而,现有研究仍存在一些局限性,例如研究的地域性限制、样本的多样性不足以及研究方法的单一性等问题,这为未来的研究提供了进一步拓展和深化的空间。

　　3. 深化拓展阶段

　　随着"大众创业、万众创新"理念的提出以及高等教育内涵式发展的不断推进,大学生领导力研究进入了新的深化拓展阶段,尤其体现在多元化的研究内容。学者们不仅聚焦于大学生领导力的培养与提升,还深入探讨了领导力与创新创业教育、思想政治教育、社会实践等领域的深度融合。这种跨学科的研究趋势不仅推动了大学生领导力的全方位发展,还有效拓展了研究的广度和深度,为构建更加科学实用的领导力培养体系提供了理论支持和实践路径。

　　学者们在大学生领导力的培养模式和实践路径上提出了多种创新性观点。例如,构建"理论教学、实践锻炼、自我提升"的一体化培养模式,强调通过实践项目、社团活动、志愿服务等多种途径,促进大学生领导力的全方位发展。近年来,跨学科研究的趋势日益凸显,教育学、心理学、管理学、社会学等学科的理论与方法相互融合,为大学生领导力的形成机制与发展规律提供了多维度的分析视角。这些研究成果不仅为高校大学生领导力的培养提供了更加系统化的理论支持与实践指导,也为社会各界在人才培养与选拔中提供了重要参考。然而,跨学科融合也面临一定的挑战,尤其是在不同学科理论和方法的整合上,仍需要进一步深入探索,以实现更高效的理论创新与实践应用。

(二)国内大学生领导力研究的焦点问题

1. 大学生领导力的内涵

近年来,大学生领导力研究在国内外学术界和教育界日益受到关注。学者们从多维视角对其内涵进行了深入的理论探讨与实践反思。基于不同的研究范式与学术立场,学界对大学生领导力的概念界定呈现出多元化的理论图景。

杨海燕运用实证研究方法,通过焦点小组访谈和探索性因子分析,构建了大学生领导力的五维结构模型。研究表明,大学生领导力本质上是一种基于校园场域的社会化影响力,其核心要素包括思想意识、品格作风、创新能力、社交能力和认知能力。她的研究特别强调了教育环境对领导力发展的形塑作用,其中思想政治教育在价值观引领方面具有基础性作用,而专业教育则在创新思维培养中发挥着关键性功能。[①]

王铮从教育公平的视角切入,提出了"普惠式"领导力培养理念。该项研究突破了传统精英主义领导力观的局限,主张领导力应成为现代公民的核心素养。通过实证调查,王铮指出,当前高校领导力教育存在目标定位狭隘化、培养模式单一化、价值导向工具化等结构性困境,亟须构建更加系统化、多元化的培养体系。[②]

吴维库从哲学本体论的角度,对大学生领导力进行了形而上

---

① 杨海燕.新时代大学生领导力构成及提升研究[D].中共中央党校(国家行政学院),2020.

② 王铮.高校大学生领导力的培养困境与突破路径[J].领导科学,2022(9):107-111.

的思考。他借鉴中国传统文化中的辩证思维,将领导力定义为"有无相生的智慧",强调领导力发展是一个包含创新能力培养、心理韧性塑造和价值观念养成的辩证统一过程。[①] 这一理论建构为领导力教育提供了新的认识论基础和方法论指导。

肖华基于职业发展理论,提出了大学生领导力的"三维能力模型",即自我塑造能力、团队领导能力和变革引领能力。[②] 他的研究揭示了当前大学生领导力培养与劳动力市场需求之间的结构性矛盾,主张通过构建专业化的领导力教育体系、完善实践育人机制等方式,提升大学生的职业竞争力。

综观现有研究,尽管学者们在理论视角和研究方法上存在差异,但就大学生领导力的内涵特征已形成基本共识。作为一种综合性的素质能力,大学生领导力不仅包含知识技能等显性维度,还涉及价值观、心理素质等隐性维度。大学生领导力的培养过程应当遵循教育规律,建立理论教学与实践训练有机结合的培养体系,实现知识传授与价值引领的深度融合,从而实现大学生的全面发展与终身成长。

2. 大学生领导力的形成机制

大学生领导力的形成机制也是近十年来国内外学术界关注的核心议题之一。学者们从多维度、多层次对领导力形成的内外动因、发展路径及培养模式进行了系统性探讨,形成了较为丰富的理论成果。

梁枫等基于上海交通大学的实证研究,运用结构方程模型揭

---

① 吴维库.大学生培养:领导力与追随力哪个更重要?[J].中国大学教学,2019
(2):30-31+53.

② 肖华.基于未来职业发展的大学生领导力开发与培养[J].高等农业教育,2014
(11):80-84.

示了大学生领导力形成的关键影响因素。研究表明,组织参与(如
担任学生干部)、项目介入(如领导力培训)、个体特质(如成就动
机)和学业表现构成了领导力发展的四维驱动模型。其中,组织参
与和项目介入作为外部干预因素,对领导力提升具有显著促进作
用;而性别差异的发现则为领导力教育的差异化实施提供了实证
依据。① 这项研究为理解领导力形成的实践机制提供了重要的数
据支撑。

严太华从教育生态学的视角,提出了"点面结合、分层递进"的
领导力培养范式。这项研究的理论创新在于构建了由基础普及、
能力提升到精英培养的三级培养体系,强调领导力教育应遵循从
通识到专业、从理论到实践的渐进式发展路径。研究特别指出,建
立培养效果的追踪评估机制是确保领导力教育持续性的关键,对
完善领导力教育体系具有重要的方法论意义。②

曹海洋基于教育现状的批判性分析,揭示了当前领导力教育
存在的三大结构性矛盾,即认知局限与内涵深化之间的矛盾、目标
定位与教育实践之间的矛盾、资源供给与培养需求之间的矛盾。
针对这些问题,他提出了"浸润式"领导力培养模式,主张将领导力
教育有机融入课程教学、校园文化和社会实践等多个环节,这一理
念对推动领导力教育的常态化发展具有重要启示。③

崔文霞从组织社会化的理论视角,深入剖析了团队合作在领
导力形成中的独特作用。研究创新性地将团体发展周期理论引入

---

① 梁枫,郑文栋,赵建敏.大学生领导力的影响因素及培养模式研究——以上海
交通大学为例[J].教育理论与实践,2015(30):9-11.
② 严太华,赖炳根,蒲清平,高微.大学生领导力培养体系构建的原则与实施途径
[J].学校党建与思想教育,2013(19):53-54.
③ 曹海洋,陈文.当前大学生领导力教育的瓶颈和对策探究[J].内蒙古师范大学
学报(教育科学版),2014(5):12-14.

领导力研究领域,指出领导力的形成是一个随着团体发展阶段而动态演进的过程。在不同阶段,学生通过角色承担、任务执行和冲突解决等实践,逐步内化领导意识、提升团队协作能力。这一发现为理解领导力的情境化形成机制提供了新的理论视角。[①]

综上所述,大学生领导力的形成是一个多因素交互作用的复杂过程。从微观层面的个体特质到中观层面的组织环境,再到宏观层面的教育体系,共同构成了领导力发展的生态系统。

3. 大学生领导力的模型构建

大学生领导力模型的构建是近年来高等教育研究领域的重要理论探索方向。学者们基于不同的理论视角和实践基础,提出了多元化的领导力模型框架,为高校领导力教育的科学化、系统化发展提供了重要的理论支撑。

郑尧丽创新性地将开放式创新理论引入大学生领导力研究领域,构建了开放式领导力模型。该模型突破了传统领导力研究的封闭性局限,将领导力解构为专业知识技能、通用技能、个人特质和开放式洞察力四个核心维度,并建立了相应的影响因素模型。[②]这一理论创新不仅拓展了领导力研究的理论边界,也为高校整合校内外资源、构建开放协同的培养体系提供了新的思路。

陶思亮基于情绪智力理论,构建了高校学生干部情绪智力领导力模型。该模型创新性地将情境认知、自我管理和团队管理三个维度纳入领导力研究框架,具体涵盖了环境觉知、团队洞察、情绪调节等核心要素。[③] 情绪智力理论的突破不仅丰富了领导力的内涵,也

① 崔文霞.高校学生团体研究:以大学生领导力培养为视角[J].湖北社会科学,2012(12):173-176.

② 郑尧丽.大学生开放式领导力开发机制研究[D].浙江大学,2014.

③ 陶思亮.中国大学生领导力发展与教育模型研究[D].华东师范大学,2014.

为提高领导力教育的针对性和有效性提供了新的评估维度。

陈正芹等从自我领导理论出发，提出了大学生自我领导力结构模型。该模型将行为策略、内在动机策略和成长型思维策略作为核心要素，强调通过教育干预促进学生的自我管理能力发展。[①] 大学生自我领导力的理论建构不仅深化了对领导力形成机制的认识，也为领导力教育的实践路径提供了新的视角。

由上可见，大学生领导力模型的构建呈现出从单一维度向多维整合、从普适性向个性化、从理论建构向实践应用发展的趋势。这些理论模型不仅深化了对领导力理论的阐释，也为高校领导力教育的改革创新提供了重要的理论支撑。

4. 大学生领导力的新范式

随着数字技术在社会各领域的广泛应用，大学生领导力研究也逐步迈入了新范式的探索阶段。当前的研究日益强调领导力在数字时代的转型与升级，提出了数字领导力这一全新概念。

张志鑫、郑晓明提出，数字领导力是一种全新的领导范式，包括数字思维变革能力、数字资源建设能力、数字伦理共情能力和数字认知践行能力四个核心维度。他们通过量表开发和验证性因子分析的方法，明确数字领导力显著区别于传统的变革型领导力和平台型领导力，具有鲜明的数字时代特征。[②]

赵亚普等从制度创新的视角研究数字领导力，指出数字领导力对企业数字化转型绩效产生积极影响，通过推动制度变革活动实现对企业绩效的提升。他们认为，数字领导力能够有效利用数

---

① 陈正芹,吴涛,朱惠蓉,成琳.自我领导理论视野下的大学生领导力实证研究——以上海高校大学生为例[J].华东经济管理,2014(7)：167-171.

② 张志鑫,郑晓明.数字领导力：结构维度和量表开发[J].经济管理,2023(11)：152-168.

字资源推动制度创新,从而为数字转型提供必要的制度环境支持,并特别指出信息搜索能力在其中起到积极的调节作用。[①]

刘祺指出数字领导力的内涵已超越传统领导力模式,呈现技术赋能、组织赋能、制度赋能和文化赋能四大路径。他认为,数字领导力在实践中需要具备科技驱动、迷途领航、共创整合、调动人心和全局思维等能力。[②] 这种新范式的数字领导力强调领导者数字素养的提升,创新思维方式,借助数字技术平台对组织内外部资源进行整合,以推动组织的变革和创新发展。

由上可见,大学生领导力的新范式即数字领导力,已逐渐从单一的能力训练扩展到对数字素养、伦理共情、制度创新以及资源整合等方面的深层次构建。这一理论内涵的丰富性和实践路径的明确化,使得数字领导力成为当前高校教育和企业组织中广泛关注和探索的前沿领域。新范式的提出,不仅丰富了传统领导力理论体系,也为高校培养新时代数字化领导人才提供了清晰且具有操作性的路径指南。

5. 大学生领导力的影响因素

国内学者对大学生领导力的影响因素进行了广泛研究,普遍认为个人特质、校园经历和家庭背景等因素在大学生领导力的形成与发展中起着至关重要的作用。

(1) 大学生的领导力受到其内在特质的影响

大学生领导力的形成和发展受其内在特质影响的观点,已成为学界共识。学者们从情绪智力、性别角色认同、自我领导力和文

---

① 赵亚普,李晶钰,刘德鹏,成诗雨.数字领导力与企业数字化转型绩效——基于制度创业视角[J].管理科学学报,2025(2):15-30.

② 刘祺,刘玥.数字化转型视野下的数字领导力锻造[J].领导科学,2024(5):34-42.

化背景等多个维度,深入探讨了内在特质对领导力发展的作用机制,为理解领导力的形成过程提供了多维度的理论视角。

在情绪智力维度,陶思亮的研究具有开创性意义。他构建了情绪智力与领导力的作用机制模型,指出情绪智力通过情境认知、自我认知和他者认知三个核心维度影响领导力表现。研究表明,高情绪智力者能够更好地进行团队洞察、情绪调节和压力管理,从而提升领导效能。这一发现为领导力教育中情绪管理能力的培养提供了重要的理论依据。

在性别角色认同方面,向前的研究突破了传统性别研究的局限。研究发现,性别角色认同通过自我效能感这一中介变量影响领导力发展。持有双性化或男性化性别角色认同的女大学生,由于具有更强的自我效能感,在领导力表现上往往更为突出。① 该项研究不仅揭示了性别因素影响领导力的内在机制,也为开展性别平等的领导力教育提供了实证依据。

陈正芹等从自我领导力理论出发,揭示了内在动机对领导力发展的驱动作用。他们提出的自我领导力结构模型强调,自我设计、自我管理和自我激励等能力是领导力发展的内在动力源。研究表明,具有较强内在动机和成长型思维的学生,能够更好地进行自我调节,从而展现出更强的领导力。②

张佳林等则从文化认同的视角,探讨了少数民族大学生领导力发展的独特路径。研究发现,文化背景通过价值观塑造和社会

---

① 向前,包卫,蒋淑亚,张智慧,石曼卿.女大学生性别角色认同与自我效能感、领导力之间的关系——基于变量中心与个人中心的视角[J].中国临床心理学杂志,2024(6):1287-1291.

② 陈正芹,吴涛,朱惠蓉,成琳.自我领导理论视野下的大学生领导力实证研究——以上海高校大学生为例[J].华东经济管理,2014(7):167-171.

认同两个关键机制影响领导力形成。少数民族学生独特的文化价值观和社会认同方式,使其在领导力理解和实践上呈现出鲜明的文化特征。这项研究不仅拓展了领导力研究的文化维度,也为多元文化背景下的领导力教育提供了重要启示。①

由此可见,大学生领导力的形成是一个内在特质与环境因素交互作用的复杂过程。情绪智力、性别角色认同、自我领导力和文化背景等内在特质,通过不同的作用机制影响着领导力的发展方向和表现水平。

(2)校园经历对大学生领导力的培养具有重要影响

大学生领导力培养的机制与困境是高等教育领域的重要研究议题。学者们从多维度探讨了校园经历对领导力发展的促进作用,同时也揭示了当前培养体系中存在的结构性矛盾。

在培养机制方面,王铮的研究系统梳理了传统领导力培养模式的优缺点。研究表明,课外活动、实践训练等传统方式虽能有效提升学生的领导技能,但在课程体系完整性、价值观教育深度和培养对象覆盖面等方面仍存在明显不足。② 该发现为领导力培养体系的优化提供了重要方向。李秀峰、白洁从比较教育的视角,深入分析了美国高校通过公民教育开发领导力的成功经验。该研究创新性地将领导力培养与公民责任感培育相结合,强调服务性学习和社区参与在领导力发展中的独特价值。这一跨文化研究为拓宽领导力培养视野提供了重要借鉴。③ 李秀娟从思想政治教育与领

① 张佳林、李赫伟、陈辉.新时代少数民族大学生领导力培育的路径[J].社会科学家,2020(3):156-160.

② 王铮.高校大学生领导力的培养困境与突破路径[J].领导科学,2022(9):107-111.

③ 李秀峰,白洁.公民教育视域下的美国大学生领导力开发[J].中国青年研究,2014(9):93-96+101.

导力培育的融合视角,提出了"双育融合"的理论框架。研究表明,思想政治教育活动不仅能够提升学生的思想认知水平,还能通过团队合作、组织协调等实践环节有效锻炼领导能力。这为领导力培养的本土化探索提供了新的思路。① 孟玲玲聚焦书院制模式,揭示了小班教学、导师指导等特色培养方式对大学生领导力发展的促进作用。研究发现,书院制通过创设多元化的实践平台,有效提升了大学生的团队协作能力和沟通技巧,为领导力培养提供了新的组织载体。②

　　然而,当前大学生领导力培养仍面临诸多困境。首先,培养目标存在工具化倾向,过分强调技能训练而忽视价值观塑造;其次,培养方式缺乏系统性和连贯性,各类教育资源尚未形成合力;再次,评价机制不够完善,难以准确评估培养效果;最后,培养对象的覆盖面有限,未能实现普惠性发展。

　　(3)家庭背景对大学生领导力的发展具有重要作用

　　家庭教育与大学生领导力的关系是领导力研究领域中一个日益受到关注的重要维度。学者们从不同视角探讨了家庭因素对大学生领导力发展的深远影响,揭示了家庭作为社会化首要场域在大学生领导力形成过程中的独特作用。

　　杨海燕的研究深入剖析了家庭教育的微观作用机制。她指出,家庭教育通过文化氛围营造、教育方式选择和价值观念传递等途径,深刻影响着大学生的品格塑造和行为养成。特别是独立性培养和责任感教育,为学生未来承担领导职责奠定了重要基础。

①　李秀娟.思想政治教育视域下大学生领导力培育研究[D].华东师范大学,2017.

②　孟玲玲.书院制模式下大学生领导力培育机制研究[J].领导科学,2016(17):33-34.

这一发现为理解家庭教育的长期效应提供了实证依据。①

梁枫等的研究则从家庭背景的宏观视角,揭示了父母教育水平和家庭文化资本对领导力发展的显著影响。研究表明,高文化资本家庭通过提供丰富的文化资源和社会资本,有效促进了子女的领导能力和社会实践能力的提升。这一发现不仅印证了"布迪厄文化再生产理论"②在领导力研究领域的适用性,也为理解教育代际传递提供了新的视角。③

邹媛创新性地提出了"家庭和社会"交互作用模型,系统阐释了多重场域对领导力发展的协同影响机制。研究发现,家长的教育观念、经济地位和社会责任意识通过家庭社会化过程,潜移默化地塑造着学生的领导意识和社会责任感。④

由上可见,家庭教育对大学生领导力的影响具有多维性、长期性和潜在性特征。这种影响既体现在显性的能力培养层面,也反映在隐性的价值观塑造层面。

6. 大学生领导力的提升策略

大学生领导力的提升是一个复杂的系统工程,需要从多维度、多层次进行战略性设计与系统性推进。学者们基于不同的理论视角和实践经验,提出了多元化的培养策略,为构建科学有效的领导力培养体系提供了重要启示。

---

① 杨海燕.新时代大学生领导力构成及提升研究[D].中共中央党校(国家行政学院),2020.

② 皮埃尔·布迪厄的文化再生产理论主要阐述"文化资本传递"理论,探讨了教育系统如何通过文化资本的传递来维持社会结构的再生产。内容引自:朱伟珏.布迪厄"文化资本论"研究[M].北京:经济日报出版社,2007.

③ 梁枫,郑文栋,赵建敏.大学生领导力的影响因素及培养模式研究——以上海交通大学为例[J].教育理论与实践,2015(30):9-11.

④ 邹媛.大学生领导力多场域开发研究[D].西南大学,2015.

郑尧丽提出的开放式领导力开发机制,突破了传统培养模式的封闭性局限。该机制强调通过校内外实践平台的协同创新,实现理论教育与实践训练的有机统一。研究表明,专业知识技能、通用技能、个人特质和开放式洞察力的多维培养,能够有效提升学生的领导力水平。这类理论建构为领导力培养的范式转换提供了新的思路。① 黄珊珊从教育改革的宏观视角,提出了领导力培养的体系化方案。研究创新性地将领导力教育纳入正式课程体系,并强调通过校际合作、校企协同等方式拓展实践平台。系统化的改革思路为破解领导力教育碎片化困境提供了可行路径。② 王铮的研究则聚焦价值观教育的核心地位,提出了"技能、品格、责任"三位一体的培养理念。研究表明,社会责任感和伦理意识的培养是领导力教育的灵魂。该发现为纠正工具化倾向、回归教育本质提供了重要理论支撑。③ 刘玉、许国动基于能力发展理论,构建了"外部参与力、自我内生力"的双维领导力结构模型。该模型强调内外部能力的协同发展,为领导力培养提供了可操作性的评估框架和实施路径。④ 李秀娟创新性地将思想政治教育与领导力培养相融合,提出了"双育融合"的理论框架。她指出,正确的世界观、人生观和价值观是领导力发展的思想基石,这为领导力教育的本土化探索提供了新的视角。⑤

综上所述,大学生领导力的提升是一项需要系统性设计与多

---

① 郑尧丽.大学生开放式领导力开发机制研究[D].浙江大学,2014.

② 黄珊珊.大学生领导力教育改革探究[J].学校党建与思想教育,2016(3):74-75.

③ 王铮.高校大学生领导力的培养困境与突破路径[J].领导科学,2022(9):107-111.

④ 刘玉,许国动.可行能力发展视角下大学生领导力结构模型研究[J].领导科学,2014(32):24-27.

⑤ 李秀娟.思想政治教育视域下大学生领导力培育研究[D].华东师范大学,2017.

维度推进的复杂工程。学者们从开放式开发机制、教育改革、价值观教育、能力发展模型以及思想政治教育融合等视角，提出了多元化的理论框架与实践路径，为构建科学有效的领导力培养体系提供了重要启示。

7. 学界对大学生领导力的未来研究方向的探索

近年来，随着高校综合素质教育理念的不断深化，大学生领导力作为培养新时代高素质人才的重要维度，已引起学界的广泛关注。国内研究主要围绕领导力培养的内涵、存在问题及培养模式展开讨论，但在理论体系构建、评价标准制定、跨领域融合及新技术应用等方面仍存在诸多不足，未来研究尚存有较大空间。国内学者在探索大学生领导力未来发展时，主要呈现出以下几个趋势。

（1）深化理论与实践相结合，构建多维度领导力发展模型

目前，学者们已尝试将领导力理论引入高校教育实践中。如曹海洋、陈文指出，我国大学生领导力教育存在内涵理解片面、培养目标狭隘等问题，亟须通过理论创新与实践改革相结合来构建系统化的培养体系。[①] 同时，李政、胡中锋基于 WICS 模型构建的大学生人力资源质量体系，为领导力评价提供了新的理论支撑。[②] 未来研究可进一步整合领导理论、成功治理理论与情境学习理论，从个体内在特质、社会互动和外部环境三个维度构建动态发展模型，以实现理论与实践的深度融合。

（2）探索领导力、创新力、追随力及跨学科素养的交互作用

王婕在探讨大学生创造力培养时提到，领导力与创造力之间

---

① 曹海洋,陈文.当前大学生领导力教育的瓶颈和对策探究[J].内蒙古师范大学学报(教育科学版),2014(5)：12-14.

② 李政,胡中锋.大学生人力资源质量体系的构建——基于 WICS 领导力模型的实证研究[J].高教探索,2017(9)：29-35.

存在显著关联①；吴维库则从"领导力与追随力"角度讨论了大学生在团队中的角色分工。② 未来研究可从多元视角探讨领导力、创造力与追随力之间的互动机制，进一步厘清两者在团队协作、创新实践中的内在逻辑，为培养既懂得领导力又能追随、善于创新的复合型人才提供理论依据。

（3）建立科学系统的评价与激励体系

高校在培养领导力的过程中，缺乏统一、系统的评价标准。文献显示，当前评价工具多侧重于短期行为指标，③而忽视了价值观、伦理决策等深层次因素。未来研究应构建涵盖自我领导力、团队合作、跨文化沟通等多维评价指标的综合评价体系，并引入数字技术手段，实现对大学生领导力发展全周期、动态化的监测和反馈，从而更精准地指导教育实践。

（4）融合社会主义核心价值观，创新培养理念

以社会主义核心价值观为引领，能够有效培养时代新人的领导力。当前高校在领导力培养过程中亟须从单一技能培训转向价值引领和精神塑造。未来的研究方向可以进一步探讨如何将社会主义核心价值观、传统文化智慧与现代领导力理论有机结合，构建既注重知识传授又重视人文关怀的大学生领导力培养模式。

（5）强化个体差异和情境因素的研究

从个体因素来看，性别、家庭背景、自我领导力等对领导力的

① 王婕.大学生领导力对创造力的影响机理研究[D].浙江大学,2013.

② 吴维库.大学生培养：领导力与追随力哪个更重要？[J].中国大学教学,2019(2)：30-31＋53.

③ 李政,胡中锋.大学生人力资源质量体系的构建——基于 WICS 领导力模型的实证研究[J].高教探索,2017(9)：29-35.

形成具有显著影响。[①] 未来研究应加强对个体差异(如性别角色认同、自我效能等)与外部环境(如校内外实践平台、社会支持)交互作用的探讨,揭示不同背景大学生在领导力发展中的路径差异,为因材施教和精准培养提供实证支持。

(6) 拓展跨学科与校企合作的新模式

面对全球化与数字化背景下的新挑战,高校应积极探索跨学科合作和校企合作模式。黄珊珊指出,校企合作不仅能为学生提供真实的工作环境,更能培养他们在复杂情境中应对挑战的能力。[②] 未来研究可进一步探讨如何利用跨学科资源和企业实践平台,整合各方优势,推动大学生领导力培养从精英项目向普惠性、普及性素质教育的转变。

总之,未来大学生领导力研究应在理论创新、评价体系、跨界融合以及价值观引领等多方面进行深入探索,构建符合我国国情和时代需求的综合培养模式,为培养担当民族复兴大任的时代新人提供坚实的理论支撑和实践路径。

二、国外研究现状

(一) 国外大学生领导力研究的发展历程

领导力理论体系的建构发轫于 19 世纪工业革命的社会转型进程,其演进脉络历经特质论范式、行为主义转向与权变理论革新三个阶段。随着跨学科研究的深化,领导力的概念体系呈现多元

---

① 向前,包卫,蒋淑亚,张智慧,石曼卿.女大学生性别角色认同与自我效能感、领导力之间的关系——基于变量中心与个人中心的视角[J].中国临床心理学杂志,2024(6):1287-1291.鲍传友,王晓宇,张玉凤.自我领导力对大学生生涯适应力的影响——基于中介效应和调节效应的实证研究[J].现代教育管理,2024(6):61-72.

② 黄珊珊.大学生领导力教育改革探究[J].学校党建与思想教育,2016(3):74-75.

化发展态势。学界的研究已从早期强调岗位胜任力的单一维度，逐步演进为融合个体职业资本累积与组织变革动能激发的复合型能力体系。这种理论嬗变，反映了现代组织管理范式从静态结构向动态适应的转型轨迹。

1. 特质论阶段（19 世纪末至 20 世纪初）

特质理论视领导力为个体先天禀赋的集合体，强调领导者应具备稳定的人格特质矩阵，如个人魅力、决策能力和管理智慧等。该理论聚焦领导者与追随者的动态交互过程，构建了基于人格权变模型的解释框架，本质上将领导效能归因于遗传优势与生理基础的固化组合。尽管该理论开创了领导力研究的科学化路径并为后续研究提供了方法论启示，但其本质主义假设弱化了情境变量对领导行为的调适作用，在解释复杂组织环境中的领导效能时有一定的局限性。这种范式的缺陷直接催生了后续行为主义与权变理论的范式革命。

国外多位学者对特质理论的建构做出了重要贡献，为后续研究奠定了坚实基础。作为英雄史观的奠基者，托马斯·卡莱尔（Thomas Carlyle）在其著作《论英雄和英雄崇拜》中构建了历史主体性建构的理论模型，提出了"伟大领袖是文明进程的基因图谱"的核心命题。① 卡莱尔通过英雄史观的理论建构，将领导力本质归结为先验的神圣品质，开创了领导力研究的生物学隐喻传统，为后续研究提供了重要的理论范式。需要指出的是，卡莱尔的英雄主义叙事隐含着领导力基因不可复制的理论预设。这种本质主义假设构成了特质理论的方法论困境，深刻影响了后续领导力研究

① ［英］托马斯·卡莱尔著．张志民，段忠桥译．论英雄和英雄崇拜［M］．北京：中国国际广播出版社，1988：1.

的发展路径。

特质理论在政治实践领域的深化发展,突出体现在西奥多·罗斯福(Theodore Roosevelt)的施政哲学中。作为进步主义运动的重要推动者,罗斯福在1901—1909年美国总统任期内将"强人政治"理念转化为制度实践,并通过《新国家主义》演说系统构建了领导力的四维理论框架,包括战略预见力、危机决断力、价值整合力与政治动员力。① 这种将个人气质转化为治理效能的实践范式,不仅重塑了美国政治文化的权力叙事,也为特质理论提供了现实政治的验证场域。

在领导力研究的科学化转向过程中,弗朗西斯·高尔顿(Francis Galton)的遗传决定论为特质理论奠定了实证主义基础,推动了领导力研究从哲学思辨向科学实证的范式转换。高尔顿通过《遗传的天才》构建的"先天禀赋、后天成就"双因素模型,开创了领导力量化研究的先河。尽管其理论中的"优生学"倾向引发了持续的伦理争议,但所提出的"领导力潜能指数"概念为现代领导力测评工具的开发提供了重要的方法论基础。值得注意的是,高尔顿理论的局限性直接推动了20世纪行为主义研究范式的兴起,对领导力研究产生了深远影响。

20世纪初期,杜安·舒尔茨(Duane P. Schultz)、悉尼·埃伦·舒尔茨(Sydney Ellen Schultz)在《工业与组织心理学》中的开创性研究,推动了特质理论的范式革新,标志着领导研究进入新的发展阶段。基于霍桑实验的研究发现,舒尔茨等人揭示了领导力发展的动态机制,构建了"特质、情境、效能"的三维交互模型,突

---

① 裴妮选编.朱敬文译.20世纪著名演讲文录[M].北京:中国对外翻译出版公司,2003:14.

出强调经验积累对领导力塑造的调节作用。舒尔茨等人提出的
"领导力资本存量"概念创新性地整合了先天禀赋与后天习得双重
维度,并通过引入社会资本理论的分析框架,实现了特质研究从静
态描述到过程性解释的范式转换。①

2. 行为论阶段(20 世纪 30 年代至 50 年代)

行为论阶段标志着领导力研究的重要转向。随着社会文化的
变迁,研究焦点从领导者的个人特质转向其行为模式。行为论的
核心观点认为,领导力不仅体现在个人特质上,更关键的是领导者
行为对群体产生的实际影响。这一时期,美国依阿华大学的著名
心理学家库尔特·勒温(Kurt Lewin)及其团队做出了开创性贡
献。他们通过系统的实验研究,揭示了领导风格与团体氛围的相
互作用机制。

勒温团队设计了一系列创新性实验,将小组置于不同领导风
格(民主型、专制型、放任型)环境中,观察其对团体行为的影响。
他们在 1939 年所做的经典实验表明,专制型领导易导致团体成员
产生攻击性和依赖性,而民主型领导则能促进成员的自主性和合
作精神。② 这些研究发现不仅证实了领导者行为模式对团队氛围
的塑造作用,还揭示了成员情绪与工作效率之间的内在联系,为后
续领导力研究提供了重要的实证基础。

此外,勒温及其研究团队进一步探究了不同领导风格对群
体行为的差异化影响,重点比较了民主型和专制型领导风格下
群体合作与攻击性行为的显著差异。研究显示,民主型领导能

① [美] Duane P. Schultz, Sydney Ellen Schultz 著.时勘等译.工业与组织心理
学——心理学与现代社会的工作[M].北京:中国轻工业出版社,2004:140.

② Kurt Lewin. *Resolving Social Conflicts and Field Theory in Social Science*
[M]. American Psychological Association,2010:59-67.

够营造更为和谐且高效的团队氛围,而专制型领导则易导致群体攻击性行为和负面情绪的产生。这些实验有效地将领导力理论的研究范式进行了转换。从传统的个人特质取向转向领导者行为与群体互动的动态研究,为领导风格理论奠定了坚实的实证基础。这一阶段的理论突破不仅拓展了领导力研究的理论维度,更为组织管理实践和教育培训提供了重要的理论指导。

3. 权变论阶段(20 世纪 60 年代至 70 年代)

随着组织环境日益复杂,学术界逐渐认识到领导力并非固定不变的能力,而是在多种因素交互作用下动态发展的综合素养,由此催生了权变理论。权变理论强调,有效的领导行为应当根据具体情境特征和环境变化进行动态调整,以发挥最佳的领导效能。

弗雷德·菲德勒(Fred E. Fiedler)的领导权变理论、保罗·赫塞(Paul Hersey)与肯·布兰查德(Ken Blanchard)提出的情境领导理论均强调领导风格与情境因素间的动态匹配关系。这些理论主张,领导者应当基于任务结构化程度、上下级关系质量以及职权强度等关键变量,选择与之相适应的领导方式,以实现最佳的领导效能。

权变领导理论与情境领导理论的研究表明,有效的领导实践需要根据任务结构特征、领导和成员关系质量以及职位权力等情境变量,动态调整领导风格。[①] 权变理论强调情境因素对领导效能的关键作用。研究表明,在高度有利或极端不利的情境下,任务

---

① Fred E. Fiedler. Research on Leadership Selection and Training: One View of the Future [J]. *Administrative Science Quarterly*, Vol. 41, No. 2 (Jun., 1996), pp. 241-250.

导向型领导者往往表现出最佳效能;而在中等有利程度的情境中,关系导向型领导者则能发挥更好的领导效果。① 同样,情境领导理论进一步指出,领导效能的关键在于领导者能否根据下属的成熟度水平动态调整领导风格。当情境发生变化时,领导者应当相应转变其行为模式,从指导型、教练型、支持型到授权型逐步过渡。这种动态适应性调整机制强调,领导者需要基于团队发展需求和情境变化特征,持续评估并适时调整其领导行为。②

综上所述,权变理论体系强调领导风格与情境变量间存在复杂的动态交互关系。该理论认为,有效的领导实践不仅取决于领导者的个人特质,更在于其能否在特定组织环境和团队动态中,灵活调整并有效应对各种挑战。

4. 变革型与交易型领导理论(20世纪80年代至90年代)

20世纪80年代以来,西方学术界的研究焦点转向了领导力的影响机制与激励效应,由此催生了变革型领导与交易型领导的理论建构。变革型领导理论强调,领导者通过愿景激励和潜能开发来推动组织战略目标的实现,在此过程中与下属建立起基于信任和承诺的深层情感联结。变革型领导不仅关注任务目标的达成,更注重激发员工的创新潜能和促进个人发展,从而推动组织实现更高层次的发展目标。③ 变革型领导者通过展现个人魅力、实施愿景激励、提供智力激发和表达个性化关怀等方式影响下属,激发其内在动机,促使他们超越个人利益,致力于实现组织共

---

① Fred E. Fiedler. Research on Leadership Selection and Training: One View of the Future[J]. *Administrative Science Quarterly*, Vol. 41, No. 2 (Jun., 1996), pp. 241-250.

② [美]保罗·赫塞著.麦肯特企业顾问有限公司译.情境领导者[M].北京:中国财政经济出版社,2003:64.

③ Burns, James MacGregor. *Leadership*[M]. NY: Harper & Row, 1978:56.

同目标。

　　与变革型领导形成对比的是交易型领导,它主要关注领导者与下属之间的交换关系。这种领导风格通过明确的奖惩机制来管理团队,具有传统管理特征。领导者设定具体目标并监督执行,确保下属遵守组织规范。交易型领导主要依赖外部激励和约束机制来维持组织运转,但这种方式可能导致员工产生依赖性,抑制其主动性和创新潜能。①

　　变革型领导与交易型领导的提出,标志着领导力研究正从传统的行为理论转向更加动态、情境适应的领导风格,为深入理解不同情境下的领导效能提供了全新的视角。

　　5. 现代领导力理论(21世纪初至今)

　　近年来,领导力研究领域对道德和伦理议题的关注持续升温,尤其集中于伦理型领导、真实型领导和仆人型领导这三种道德导向的领导模式。詹姆斯・勒莫因(G. James Lemoine)等人在《盘点领导力的道德方法:伦理型、真实型和仆人型领导的整合性综述》一文中,深入探讨了这三种领导风格的核心特征、理论基础及其在实践中的应用。他们指出,尽管三种领导模式在实际操作层面存在一定的重叠,但在理论依据、道德内涵以及实践路径上却存在明显差异。② 勒莫因等人指出,尽管伦理型、真实型和仆人型领导模式在实践层面具有一定的重叠(如都强调正直、公平、关爱下属等核心道德价值),但由于它们各自建立在不同的道德理论基础

---

①　Bernard M. Bass. *Leadership and Performance beyond Expectations* [M]. Lodon: Collier Macmillan Publishers, 1985: 195.

②　G. James Lemoine, Chad A. Hartnell, Hannes Leroy. Taking Stock of Moral Approaches to Leadership: An Integrative Review of Ethical, Authentic, and Servant Leadership[J]. *Academy of Management Annals*, Vol. 13, No. 1 (Jan., 2019): 148-187.

之上,因此在实践应用时体现出明显的差异。具体而言,伦理型领导主要基于义务论,突出遵守普遍道德规范;真实型领导则与德性伦理学密切相关,强调领导者自身的道德自律和内在价值;而仆人型领导则根植于结果论,更关注领导行为的社会后果及其对多方利益相关者的积极影响。道德导向的领导模式在现代领导力研究中占据着重要地位。与传统领导理论过度聚焦绩效和结果不同,这些模式将伦理和道德因素深度融入领导力的核心概念,突破了以往研究的局限性。伦理型、真实型和仆人型领导等理论的提出,不仅极大地丰富了领导力的内涵,更为领导者在复杂多变的现代社会中提供了多维度的道德指引,帮助他们在追求组织目标的同时,也能兼顾员工、客户及社会的长远利益,实现组织发展与社会责任的协调统一。

综上所述,国外对于领导力研究的演进历程呈现出清晰的范式更迭与实践逻辑嬗变。自 19 世纪末以来,领导力研究领域经历了从特质论到行为主义、权变理论,再到现代多维理论的演进。特质论阶段以卡莱尔的英雄史观和高尔顿的遗传决定论为基础,将领导力视为固定人格特质的集合,虽然开创了科学化的研究范式,但因忽视情境变量而受到质疑。20 世纪 30 至 50 年代的行为论阶段,以勒温的群体动力学实验为代表,将研究焦点转向领导者的具体行为模式,揭示了民主型、专制型等领导风格对团队效能的影响,实现了从"特质"到"行为"的理论转向。20 世纪 60 至 70 年代的权变理论进一步突破静态视角,提出领导效能取决于领导者与情境的动态匹配,其中菲德勒的权变模型和布兰查德的情境领导理论成为这一阶段的重要成果。20 世纪 80 至 90 年代,变革型与交易型领导理论明确区分了激励性(变革型)与交易性(控制型)两种领导范式,伯恩斯的理论框架为此奠定了坚实的基础。进入 21

世纪以来,研究重心转向道德维度,伦理型、真实型、仆人型领导理论被纳入主流分析框架,突出强调领导者的社会责任与伦理价值。总体来看,领导力理论的发展轨迹体现出从个体天赋向动态适应、从任务导向向价值引领的范式转换,深刻反映出现代组织管理对人性化、情境化和伦理化的迫切需求。

（二）国外大学生领导力研究的焦点问题

1. 家庭环境对领导力原生基因激活的驱动作用

随着领导力理论的不断发展,研究者们逐渐认识到家庭环境在个体领导力形成中的作用。

首先,家庭环境影响儿童领导力发展。美国心理学家尤里·布朗芬布伦纳（Urie Bronfenbrenner）在他的经典著作《人类发展生态学》中提出了生态系统理论,系统地阐释了儿童成长环境中各层次（包括微系统、中系统、外系统和宏系统）的相互作用。他指出,家庭作为微系统的核心组成部分,不仅直接影响儿童早期的人格形成和能力发展,而且通过父母与子女之间的互动、家庭氛围以及家长的教育理念,为儿童社会化发展提供了坚实基础。正是这些因素共同塑造了儿童的学习与模仿环境,从而决定了他们未来与外界的互动模式及各项能力的内化。[①]　由此,家庭被视为个体社会化的起点和各项能力构建的重要平台。此外,家庭是否经常性地开展社会化学习也是影响儿童领导力发展的因素。阿尔伯特·班杜拉（Albert Bandura）在其社会学习理论中强调了观察与模仿在个体社会化过程中的重要作用。他指出,儿童通过与父母的互

---

① 　[美] Urie Bronfenbrenner 著.曾淑贤译.人类发展生态学[M].台湾：心理出版社股份有限公司,2010：151.

动,学习到父母的沟通方式、决策模式和权威运用,这些经验内化为个体领导风格的初步雏形。[①] 家庭环境中的榜样示范对儿童领导技能的学习至关重要。例如,当父母表现出民主式或教练式领导行为时,子女往往会倾向于采用类似的领导方式。梅尔文·科恩(Melvin Kohn)在《阶级与服从:价值观研究》这本书中,分析了家庭的社会经济地位如何影响父母的教养方式,并进一步探讨了这种影响如何通过教养方式和价值观的传递作用于子女的行为和社会化过程。他提出,不同社会阶层的家庭对子女的期望和行为规范的传递存在显著差异。中产阶级家庭倾向于重视自主性和创新能力,而低社会经济地位家庭则更倾向于强调服从和遵从传统规范。[②] 这些阶层差异影响了孩子的价值观、社会适应能力以及未来的社会角色认同。

其次,出生顺序影响青年领导力发展。在家庭微系统中,出生顺序对个体性格与行为的塑造作用得到了两位学者的系统性论证。阿尔弗雷德·阿德勒(Alfred Adler)在《理解人性》中指出,长子或长女因早期承担更多家庭责任且获得父母关注,往往形成"领导气质与主导意识",其性格特征表现为"更强的责任感、传统倾向及对权威的维护"。[③] 这种差异源于父母对不同出生顺序子女的差异化期待。长子常被赋予"守护者"角色,而幼子则更易被鼓励突破既有规则。弗兰克·萨洛韦(Frank J. Sulloway)在《天生反叛》中通过历史数据分析提出"出生顺序效应"理论。长子因占据

① [美] 阿尔伯特·班杜拉著.陈欣银,李伯黍译.社会学习理论[M].北京:中国人民大学出版社,2015:52.

② Melvin L. Kohn. *Class and Conformity: A Study in Values* [M]. Chicago: University of Chicago Press,1989.

③ [奥] 阿尔弗雷德·阿德勒(Alfred Adler)著.王俊兰译.理解人性[M].北京:机械工业出版社,2017:431.

资源优势更易形成"保守性人格",而后生子则因生存竞争压力发展出"创新性特质"。①

最后,父母的期望投射、角色赋予及家庭内部的叙事模式影响青年领导力发展。美国心理学家麦克亚当斯则关注个体"自我故事"在特定社会情境与家庭生态背景下的生成机制。他提出,个体的身份不是固定的,而是在不断变化的社会和个人经历中形成的。他使用"自我故事"这一概念,强调人们通过编织个人经历的"故事"来理解自己,并在此过程中形成一个动态的叙事性身份。书中详细探讨了父母、文化和社会背景对个人故事的塑造,以及这些故事如何影响个体的价值观、行为和生活选择。②

综上所述,家庭作为个体社会化的首要场域,在个体领导力形成中具有至关重要的作用。生态系统理论揭示了家庭在个体人格与能力早期塑造中的直接影响。个体心理学中的出生顺序研究则展示了家庭结构对领导气质与行为倾向的系统性影响。社会学习理论和叙事性身份理论进一步强调了父母行为示范、家庭互动模式以及经历内化对个体领导风格形成的深远影响。同时,家庭的社会经济地位和教养方式也在长期的社会化过程中,决定了子女的价值观、行为规范和自我效能感的差异化形成。以上理论成果为理解家庭环境对个体领导力塑造的机制提供了重要基础。

2. 校园情境在领导力进阶潜能释放中的催化作用

家庭虽为个体领导潜能初期的熏陶场域,但学校提供了更复杂多元的社会化平台。课堂教学、团队协作与实践活动不仅促进

---

① ［美］弗兰克・J.萨洛韦(Frank J. Sulloway)著.曹精华,何宇光等译.天生反叛[M].南京：江苏人民出版社,1999.

② D. P. McAdams *The Art and Science of Personality Development*.[M]. NY：The Guilford Press，2016.

认知、情感与行为的全面发展,更催化领导力的进阶。国外学者的研究验证了校园环境在培养领导力方面的独特优势,为现代教育改革提供了坚实理论支撑。

(1) 校园文化

校园文化作为一种隐性课程,潜移默化地影响着个体的领导价值观与行为规范,成为个体领导力培养与发展的关键组成部分。学校作为社会化的重要媒介,在个体融入社会的过程中发挥着不可替代的作用。相关研究主要围绕教育社会学、文化资本理论、制度理论和多元文化理论展开,探讨校园文化如何塑造和引导个体领导力发展的内在机制与外部条件。

首先,从教育社会学的角度来看,学校不仅是知识传授的场所,更是价值观念传递和社会化培养的重要阵地,在个体领导力发展的价值取向和行为塑造方面具有重要的引导和规范作用。埃米尔·涂尔干(Émile Durkheim)作为教育社会学的奠基人,提出教育的核心功能在于通过塑造和传递社会规范,使个体更好地适应社会环境,从而实现社会秩序的有效维系与稳定发展。[1] 汉斯·格斯(Hans H. Gerth)、迈克尔·赫吉(Michael W. Hughey)进一步阐述了学校作为社会化中介的重要作用,强调学校在社会角色分配和价值传递方面发挥关键功能。学校不仅帮助学生适应社会结构,还通过正式规则与隐性规范潜移默化地影响和塑造学生的行为模式,从而实现个体与社会之间的良性互动与整合。[2] 鲍尔

---

① [法]埃米尔·涂尔干著.渠东译.社会分工论[M].北京:生活·读书·新知三联书店,2000:159.

② Hans H. Gerth, Michael W. Hughey. On Talcott Parsons' The Social System [J]. *International Journal of Politics, Culture and Society*, Vol.10, No.4 (Summer, 1997):673-684.

斯(Samuel Bowles)等在《资本主义美国的学校教育》中提出,学校通过隐性课程塑造学生的价值观,使其适应社会文化环境与既有权力结构,进而影响其领导力的培养。[1] 因此,学校文化通过其独特的符号体系、价值规范和组织结构,在潜移默化中塑造着学生的认知模式和行为方式,进一步促进大学生领导力的形成与发展。

其次,从文化资本的视角来看,学校文化中的价值导向和共同愿景构成了大学生领导力发展的符号资本,能为大学生提供社会认可的文化资源,进而影响其领导观念的形成与实践能力的提升。卡齐莫托(P. Kazimoto)和福斯特(H. Foster)的研究发现,人与人之间的信任、合作和信息共享能有效提升团队价值创造能力。[2] 这一点恰好印证了法国社会学家皮埃尔·布尔迪厄(Pierre Bourdieu)的观点。布尔迪厄指出,学校不仅是传授知识的场所,更是塑造文化资本的"隐形工厂"。这里的"文化资本"就像一套隐藏的"行为密码"。[3] 例如,学校所倡导的团结协作精神、师生之间的互动方式等看似无形的规则,实际上深刻地影响着学生对权威的理解以及与他人合作的模式,从而影响他们未来作为领导者的潜力。换言之,当学生习惯了开放交流的氛围时,这种文化资本就能内化他们分析问题、协调关系和解决实际问题的重要能力基础。

最后,从制度理论的视角来看,学校内部的规则制度与组织支

---

① Samuel Bowles, Herbert Gintis. *Schooling in Capitalist America: Educational Reform and the Contradictions of Economic Life*[M]. NY: Basic Books, 1976: 340.

② P. Kazimoto, H. Foster. Social Capital, Human Value Creation, and the Organizational Performance of Small Businesses in Butembo, Democratic Republic of Congo[J]. *Human Behavior, Development and Society*, Vol. 23, No. 2(Aug., 2022): 73-81.

③ Pierre Bourdieu. *Forms of Capital: General Sociology*[M]. UK: Polity, 2024: 66.

持共同构成了领导力发展的制度性框架,规范并引导学生的领导行为和实践路径,推动个体领导力持续有序地发展。迈耶(Meyer)等人提出的"新制度主义理论"认为,学校通过规章制度和组织结构对学生行为模式施加影响。这种制度化的规范体系不仅明确了学生的行为边界,还通过各种符号化的仪式与规范,建构了学生对领导角色的合法性认知。① 赫克曼(Heckman)在研究教育制度对个体发展的影响时指出,公平的制度支持通过提供认知刺激与情感支持,有助于学生增强自信并提升领导自我效能感。这种制度性赋能能够有效促进个体未来的领导实践。相关追踪研究进一步证实,早期建立的制度性支持系统能使个体在成年阶段展现出更高的领导力发展潜力和实践水平。②

(2)师生关系

师生关系及教师角色作为个人领导力成长的交互影响因子,在个体社会化进程中具有重要的理论意义和实践价值。

首先,从理论基础层面来看,社会文化理论与领导力发展之间存在着深刻的内在关联。列夫·维果茨基(L. S. Vygotsky)提出的"最近发展区"理论为此提供了重要的理论支撑。该理论强调,在个体认知发展过程中,教师作为"更有能力的他人",通过搭建认知脚手架、实施引导性提问以及开展协作学习等方式,能够有效促进学习者将潜在能力转化为实际能力。③ 列夫·维果茨基的早期实

---

① John W. Meyer, Brian Rowan. Institutionalized Organizations: Formal Structure as Myth and Ceremony[J]. *American Journal of Sociology*, Vol. 83, No. 2 (Sep., 1977): 340-363.

② James J. Heckman. Policies to Foster Human Capital[J]. *Research in Economics*, Vol. 54, Issue 1(Mar., 2000): 3-56.

③ [苏]列夫·维果茨基著,麻彦坤译.社会中的心智——高级心理过程的发展[M].北京:北京师范大学出版社,2018:109.

证研究为此提供了有力证据。教师精心设计的小组协作任务不仅能够有效激发学习者的自主决策能力,还能通过社会性互动促进其观察学习和社交技能的同步发展。与此同时,教师作为学生社会网络中的重要节点,通过构建信任关系和搭建知识共享平台,能够为学生积累促进领导力发展的关键社会资本。研究表明,教师提供的支持强度与学生在未来职场中的领导效能之间存在显著的正相关关系。

其次,教师在领导力培养过程中发挥着关键作用,为领导力发展提供了可操作的实施路径。赫克曼(Heckman)提出,教师通过建立明确的目标导向和系统的反馈机制,能够有效促进学生的短期行为动机向持久性领导力发展转化。[①] 例如,佩里学前教育项目通过结构化活动(如角色扮演)培养学生的规划能力和执行意志。而在支持者的角色中,理查德强调教师的情感支持对学生社会化至关重要。当教师能够以同理心回应需求时,学生便会形成"心理安全感",从而更愿主动承担风险,并更自信地展现自身的领导潜力。

再次,师生互动的动态特征及其质量对领导力培养效果具有决定性影响。罗伯特·伯吉斯(Robert G. Burgess)指出,开放式沟通模式与反思性对话能提升知识传递效率。[②] 例如,科学课上教师采用"苏格拉底式追问"引导学生逐步归纳实验规律,实质上模拟了真实领导情境中的系统性思维决策过程。研究表明,教师通过组织结构化的小组调解活动,能够有效培养学生的协商沟通

① James J. Heckman. Policies to Foster Human Capital [J]. *Research in Economics*, Vol. 54, Issue 1 (Mar., 2000): 3–56.

② Robert G. Burgess. *Sociology*, *Education*, *and Schools: An Introduction to the Sociology of Education*[M]. NY: Nichols Publishing Company, 1986: 33.

能力和谈判艺术,这些技能是冲突解决领域的重要领导力素养。此外,实践应用与政策研究进一步凸显了教师角色的深远影响。

最后,跨学科研究为社会资本整合提供了新的理论视角。教师权威源于其象征资本的积累,但过度依赖权威可能抑制学生主动性,因此需要在指导者与合作者角色之间寻求平衡。尤其是在翻转课堂模式中,通过让学生主导部分教学环节,有效促进了师生互动。教师扮演"团队催化剂"的角色,激发团队的集体领导力。这种教育模式与谷歌公司"20％自由时间"制度具有相似的核心理念,两者都通过赋权机制显著提升了创造力和团队效能。

(3) 社群关系

社群关系作为大学生领导力发展的关键孵化场域,其作用机制在经典社会学理论中呈现出多维度的解释路径。涂尔干在其1893 年出版的经典著作《社会分工论》中提出的集体意识理论,不仅深刻揭示了社会整合的深层机制,更为理解现代组织中个人领导力的生成逻辑提供了独特的理论视角。通过对机械团结与有机团结的经典划分,涂尔干系统阐述了社会分工演进如何重构了集体意识的形态。在传统社会中,机械团结通过高度同质的集体意识维系,个体行为受制于宗教仪式与传统禁忌的刚性约束;而在现代分工社会中,有机团结则依托职业群体的专业伦理与功能互补,形成动态的规范体系。这种社会结构的转型对领导力的内涵提出了新的要求。当社会分工瓦解了前工业时代的同质性规范,领导者不再仅是传统权威的代言人,而需在专业分化的组织结构中,通过重塑职业群体的道德共识来构建新型权威。①

---

① 　[法]埃米尔·涂尔干著.渠东译.社会分工论[M].北京:生活·读书·新知三联书店,2000:31.

乔治·H.米德(George Herbert Mead)在《心灵、自我与社会》中提出的符号互动理论,则从微观互动层面为领导力的形成提供了重要洞见。该理论强调,个体的自我意识是在与他人进行符号交流和互动的过程中形成的。具体而言,个体通过扮演他人的角色,将他人的观点与期待内化,从而不断塑造和完善自我概念。米德特别指出,自我的形成需要"他人"的参与,即个体在与他人的互动中,不断认识到自己在群体中的位置,并进而形成对自我的稳定认知与评价体系。[①] 这为理解领导者在社群互动中的角色认知和身份建构提供了重要启示。

阿尔伯特·班杜拉(Albert Bandura)在《思想和行为的社会基础:社会认知论》中提出的自我调节理论框架,进一步深化了我们对领导力发展过程的理解。他指出,个体领导力的发展本质上是一个社会认知与自我定向的交互过程。特别是他提出的自我调节机制系统,揭示了人类通过自我观察、判断标准形成和反应性调节实现行为优化的内在机制。社群环境通过双重激励机制催化领导力发展,既提供了行为参照的榜样,又创造了实践反馈的机会。[②] 这为我们理解领导力从潜在到现实的转化过程提供了重要的心理学依据。

由此可见,涂尔干的宏观结构理论阐释了社群形态演进对领导力内涵的重构逻辑,米德的互动理论揭示了领导认知在符号交换中的生成机制,而班杜拉的认知理论则解构了从环境刺激到行为优化的心理转化路径。领导力发展本质上是一个动态

---

① [美]乔治·H.米德著.赵月瑟译.心灵、自我与社会[M].上海:上海译文出版社,2005:92.

② [美]阿尔伯特·班杜拉著.陈欣银,李伯黍译.社会学习理论[M].北京:中国人民大学出版社,2015.

过程,是从社群参与者到价值共创者的渐进式发展。这三种理论视角相互补充,共同构建了一个理解大学生领导力发展的多维理论框架。

3. 课程体系对领导力发展框架的构建作用

在影响学生领导力发展的众多因素中,课程体系作为教育体系中最直接且具有可操作性的维度,发挥着至关重要的作用。与校园文化、师生关系、社群关系等隐性环境因素相比,课程架构通过显性且结构化的方式,为学生提供了领导力实践的机会和情境,有效促进了其领导意识与技能的提升。

一方面,正式课程中的领导力元素渗透已成为当前教育实践中的重要策略。许多高等教育机构通过在常规学科(如社会学、经济学、人文学科等)中引入项目制学习,并通过小组合作的方式,鼓励学生围绕真实或仿真社会议题开展问题研究和方案设计。学生通过团队合作,在角色分配、计划制定、沟通协调等方面得到了充分训练,为领导技能的培养提供了重要的平台。此外,跨学科课程的整合进一步推动了领导力的发展。跨学科课程不仅能激发学生的创造性和综合思维,还要求团队成员在项目执行中进行更为复杂的沟通与角色分配,这对学生的领导能力提出了更高要求,并激发了更大的潜力。课堂上的角色扮演与案例分析形式,通过模拟法庭、商业案例讨论等活动,使学生在情景化的学习过程中体验领导行为的多维性与复杂性。

另一方面,领导力专题课程与训练营的设置,进一步完善了学生领导力培养的路径。部分高等院校设立了专门的领导力课程或训练营,重点培养学生的沟通技巧、冲突管理、时间管理、项目策划等实用能力。这类课程将理论讲解与实践演练相结合,教师通过讲解变革型领导、授权型领导等理论,并通过模拟情境或实地项目的方式让学生进行实践锻炼。部分院校还引入了导师制或辅导制,由经验丰富的教师或校外专家提供个性化指导和持续跟踪,促进学生在领导力发展中不断进步。此外,成功的领导力课程通常包括阶段性或过程性的评估机制,通过自我评估、同伴互评、教师评估等方式,帮助学生反思自身领导表现和团队贡献,推动其在反馈过程中不断提升领导能力。

第三节　研究重点、难点、创新点

一、重点

首先,大学生领导力的能力维度的确定。维度的确定需综合已有研究成果与访谈结果进行全面的预先假设。在问卷设计过程中,应充分考虑调查的各个方面,包括各能力维度下的问题设置及影响因素的问题设置。其中,各能力维度下的问题设置必须结合现有问卷量表,以确保问卷的信度和效度。

其次,基于个案研究,对浙江省大学生领导力发展十年来的数据进行对比分析。通过对这十年数据的深入剖析,可以探讨不同政策、社会背景及教育改革对学生领导力发展的影响。例如,课程改革的实施、社会实践项目的引入以及学生社团活动的变化等因素,均可能在不同程度上影响学生领导力的培养。通过综合分析这些因素,可以揭示各项改革措施对大学生领导力成长的具体成效及发展趋势。基于数据分析结果,进一步开展成效评估,不仅可以检验现行领导力培养模式在实际应用中的效果,还能识别其优缺点,并据此提出未来改进的方向与策略。特别是结合浙江省高

校的特点和地方性教育需求,提出具有针对性的政策建议,以确保
领导力培养模式更符合实际情况,切实促进学生领导力的阶梯式
成长。

最后,构建大学生领导力培养的实践路径。在理论研究和实
证分析的基础上,构建科学系统的大学生领导力培养实践路径是
研究的关键。这需要结合高校教育实际,从课程设计、实践活动、
导师指导、评价反馈等多个环节入手,形成一套可操作、可推广的
培养模式。同时,还需考虑不同高校、不同学生群体的差异性,提
出具有普适性和针对性的培养策略,确保研究成果能够有效应用
于实践。

二、难点

首先,确保问卷数据的精准统计和多维度分析构成了研究
的主要难点。问卷的分析过程需要借助社会科学统计软件。
在 SPSS 的统计过程中,对各种因素能否进行准确分析,将直接
影响领导力各维度内容的可靠性。另外,通过描述性统计对样
本的整体情况进行描述,并结合方差分析对各个维度之间的相
互关系进行探析,是确保研究结果科学性和有效性的关键
步骤。

其次,合理匹配现有研究成果与当下实际情况,选择并设计出
针对性强的大学生领导力培养路径是关键挑战。在大学生领导力
的培养路径的选择与设计中,一方面需要准确地将先前的研究成
果与当前现状相结合,并对方案进行适当调整;另一方面,需要基
于问卷分析结果,有针对性地设计大学生领导力培养路径,以确保
培养模式既具有理论依据,又符合实际需求。

最后,将理论创新有效转化为可操作的培养方案,并在动态实

践中不断优化，是研究中亟待解决的核心难题。大学生领导力培养研究不仅需要理论上的创新，更需要在实践中验证其可行性和有效性。如何将理论研究成果转化为具体的培养方案，并在实施过程中根据实际情况不断调整优化，是一个复杂的动态过程。此外，研究还需考虑到实践中的诸多不确定因素，如学生个体差异、高校资源分配、社会环境变化等，这些因素都可能对培养路径的实施效果产生重要影响。因此，如何在理论与实践之间找到平衡点，确保研究成果既具有理论深度又具备实践价值，是本书面临的重要难点。

三、创新点

首先，研究主题具有创新性。将"领导力"管理学概念植入"高校"的空间维度视角下，对大学生的领导力进行系统深入的研究和探讨，符合社会对青年发展的要求。此外，将"领导力"与"思想政治教育"学科紧密地结合起来研究，不仅是学科上的一个突破，同时也是研究方向的一个创新点。

其次，研究方法具有创新性。学界对大学生领导力的研究多局限于综合性评述或单一的实证研究，将理论与实证研究相结合的成果较为少见。本书立足于国内外研究成果的基础之上，运用问卷调查法，结合 SPSS 软件对调查数据进行处理，深入探索大学生领导力的各个维度，并据此提出大学生领导力的培养路径。

最后，研究观点具有创新性。在理论上，本书借鉴生态系统理论、社会学习理论和叙事性身份理论，提出适应数字化与全球化背景的新型领导力发展路径；在实践上，通过实证调研与相关人士访谈，验证并细化这一模型，为高校提供针对性更强的大学生领导力培养策略。

第四节 研究方法与技术路线

一、研究方法

首先，文献研究法。基于对大学生领导力发展的深刻关注，全面系统地检索国内外与大学生领导力相关的研究成果。运用文献计量学方法，对学术期刊、硕博士学位论文、会议论文以及学术数据库（如 CNKI、Web of Science、Scopus 等）进行深度挖掘。通过对文献的梳理、分类与对比分析，精确把握已有研究成果的核心要点与不足之处，从而为本书奠定坚实的理论基础，并合理确立研究假设。在此过程中，深入剖析"新时代大学生领导力"的概念内涵、特征以及现有培养模式，形成综合性的学术评述，并结合时代发展需求与学术前沿动态，提炼研究创新点，为后续研究开辟新的路径。

其次，理论建构法。在充分回顾文献的基础上，运用理论整合与创新的方法，对变革型领导、服务型领导、情境型领导等现有领导力理论进行深度剖析与有机融合。紧密结合新时代高校的办学理念、管理模式以及大学生群体的思想特征、行为模式，构建具有针对性和普适性的大学生领导力多维度分析框架。采用归纳与演绎相结合的逻辑方法，综合国内外关于领导力的经典理论与最新研究成果，遵循科学性、系统性与可操作性原则，提出适用于中国高校背景的大学生领导力测量维度或指标体系，初步构建适合本书的领导力要素模型，并对各要素之间的相互关系提出合理假设，为实证研究提供明确的理论指引。

再次,实证研究法。依据前期构建的理论模型与指标体系,严格遵循量表编制的科学流程,编制涵盖个人特质、团队合作、社会责任、创新意识等核心指标的量表,并合理设计人口学变量(年级、专业、学生干部经历等)。运用 SPSS29.0 对数据进行深入分析(包括描述性统计、信度与效度分析、相关分析、回归分析),以及 GPower 3.1 进行统计效力研究等,以此验证研究假设,精准识别影响大学生领导力提升的关键因素,为研究结论的得出提供可靠的数据支撑。

最后,质性研究法。为弥补量化研究在揭示深层次影响因素与细节方面的局限性,通过深度访谈和焦点小组的质性研究方法,进一步探究大学生在实际领导情境中的真实体验与面临的问题。选取在学生工作、社团活动、校企合作项目或志愿者服务中表现卓越、具有丰富实践经验的大学生,以及长期从事高校教育教学、学生管理工作的教师和学生工作者作为访谈对象。运用扎根理论对访谈资料进行严谨的编码与分析,提炼出具有理论价值和实践指导意义的关键主题,以此验证或修正量化研究的发现,实现量化研究与质性研究的有机结合,全面深入地揭示大学生领导力发展的内在机制与规律。

二、技术路线

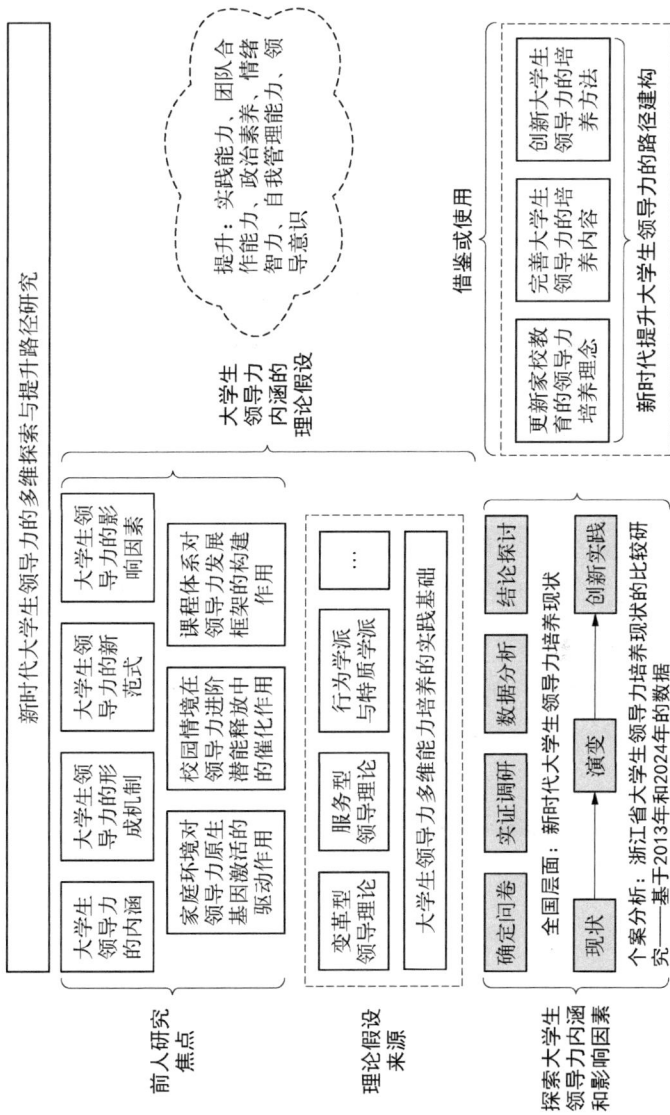

第二章
大学生领导力多维能力的理论假设

领导力作为提升个体竞争力和推动社会变革的关键要素,近年来在学术界和社会各界引发了广泛关注。领导力研究已呈现出蓬勃发展和不断深化的趋势。领导力的培养被视为塑造未来社会精英、推动社会创新与进步的关键环节。因此,深入探讨大学生领导力的内涵及其多维能力,具有重要的理论与实践意义。

第一节　大学生领导力多维能力假设的理论依据

一、传统领导力理论对构建大学生领导力范式的启示

（一）从愿景激励到智力激发：变革型领导理论的多维能力生成路径

变革型领导理论对于大学生领导力构建具有重要启示。变革

型领导理论的核心在于,领导者不再仅仅依赖传统的奖励与惩罚机制来管理团队,而是通过一系列更为深刻和有效的方式,激励团队成员超越个人利益,追求更高层次的集体目标。变革型领导方式注重领导者与追随者之间的情感联结与协同发展,通过激发追随者的内在潜能,促使其在达成团队目标的过程中实现个人能力与综合素质的持续提升。变革型领导理论的四个核心维度,共同构成了领导力效能的理论基础。

首先,愿景激励是变革型领导理论的维度之一。通过构建具有感召力的战略愿景并实现组织目标的人格化表达,有效唤醒团队成员的责任意识与内驱动力。该愿景本质上是一套战略叙事框架,其深层价值在于通过建构性互动过程,将组织图景转化为激发成员内生性驱动力与组织承诺的动力转化系统。

其次,榜样示范强调领导者通过自身行为与价值观引领团队,在以身作则中建立可信度与影响力。例如,当领导者持续践行诚信准则时,其示范效应能显著增强团队成员的认同感。

再次,个性化关怀注重识别成员的个体差异,通过针对性支持与指导,促进能力发展与组织认同。在学术研究型社团中,针对成员数据分析能力的不足,领导者通过组织专题工作坊、设立导师制度等方式提供个性化支持。这类差异化培养策略既能提升成员专业技能,也能强化其对组织的归属感。

最后,智力激发聚焦于培养团队成员的创新思维与系统解决问题的能力。通过构建开放包容的组织生态,激活多元认知视角与批判性对话空间,变革型领导借助思辨场域的营造,系统引导成员突破路径依赖式思维。具体而言,在学术研讨中通过设计开放性研究命题(如"机器学习伦理的边界重构"),驱动成员开展跨学科论证与证伪性推演。这种智力激励机制不仅培育了团队的颠覆式创新能力,更通过双环学习显著增强成员的结构化思维水平。

愿景激励、榜样示范、个性化关怀和智力激发是变革型领导理论的四个核心维度,为大学生领导力的理论研究提供了重要的理论框架。愿景激励强调通过构建具有感召力的目标来激发团队成员的内在动力,为大学生领导者在凝聚团队和实现共同目标方面提供了理论支持。榜样示范作用强调领导者通过以身作则的方式发挥引领作用。该维度指导大学生领导者通过自身的行为规范、道德品质和专业能力树立权威。个性化关怀维度则关注个体差异提供针对性的支持,这为大学生领导者促进团队成员的个人成长和能力提升提供了方法论遵循。智力激发维度则强调鼓励创新思维与问题解决能力,为大学生领导者创造开放包容的环境并激发团队创造力提供了理论依据。上述维度共同为理解和发展大学生领导力奠定了坚实的理论基础。

（二）服务优先与责任内化：服务型领导理论的价值范式重构

服务型领导理论是领导力研究领域的关键理论之一。罗伯特·P.诺伊歇尔（Robert P. Neuschel）在其著作《服务型领导：有效释放员工能量》中提出,真正的领导者应以服务他人为首要目标,通过满足团队成员的需求来促进其个人成长,最终实现组织的共同目标。[①]

服务型领导理论的核心理念在于"服务优先于领导",其内涵包含多个关键维度。首先,服务型领导强调领导者应将团队成员的需求置于首位。通过支持、帮助和赋能他人来推动组织目标的

---

① ［英］罗伯特·P.诺伊歇尔著.毕香玲译.服务型领导：有效释放员工能量［M］.北京：中国铁道出版社,2006：25.

实现。其次,同理心与倾听是服务型领导的重要特质,领导者重视倾听团队成员的声音,理解其需求与情感,从而建立深厚的信任关系。服务型领导还致力于促进团队成员的成长,帮助他们实现个人发展和能力提升,并为其创造成长机会。再次,服务型领导强调社区建设,关注组织内外的社会责任感,致力于构建和谐互助的社区环境。最后,服务型领导以谦逊和权力共享为特征,领导者以谦逊的态度对待权力,强调权力的共享与分散,鼓励团队成员积极参与决策过程。

在实际应用中,服务型领导理论在多个领域展现了其显著价值。在企业管理中,服务型领导通过赋能员工、提升员工满意度,有效推动了组织绩效的提升。在教育领域,学校管理者运用服务型领导模式,关注教师与学生的需求,营造支持性的学习环境。在公共服务领域,服务型领导强调社会责任与公共利益,促进社会公平与可持续发展。以上实践表明,服务型领导理论不仅适用于传统组织管理,也在社会各领域发挥着积极的影响力。

在大学生领导力的理论研究中,服务型领导理论为其提供了重要的理论支持与实践指导。首先,服务型领导理论强调服务他人和承担社会责任,这与大学生领导力培养过程中对道德修养和社会责任感的重视高度契合,为大学生领导者树立正确价值观提供了理论指导。其次,服务型领导理论中的"促进成长"维度,为大学生领导者如何通过支持团队成员的个人发展、提升团队整体效能提供了方法论支持。此外,服务型领导理论强调倾听与同理心,为大学生领导者建立信任关系并增强团队凝聚力,提供了切实可行的实践路径。同时,服务型领导理论强调社区建设与社会责任感,为大学生领导者如何在校园活动和社会实践中履行社会责任提供了理论依据。最后,服务型领导理论中的谦逊与共享权力理念,为大学生领导者如何通过民主决策、鼓励团队成员参与提供了实践指导。

综上所述,服务型领导理论以其独特的"服务优先"理念,为大学生领导力的研究与实践提供了重要的理论支持。该理论不仅帮助大学生领导者树立正确的价值观,还为其在团队管理、关系建设以及社会责任实践等方面提供了科学的理论框架。

(三)行为特质双维互动:大学生领导力的可塑性机制

早期的领导力研究主要聚焦于领导者行为与特质两个维度,具体表现为"结构型行为"和"关怀型行为"。特质学派致力于归纳领导者普遍具备的性格特征、能力素质及内在动机,为领导力研究提供了独特的个体差异视角。就大学生群体而言,其社会阅历相对有限,具有较强的可塑性。通过积极参与校园生活与社会实践,大学生能够逐步培养并形成卓越的领导特质与行为模式。

从行为学派的视角来看,大学生通过参与校园活动和社团管理,能够在实践中有效锻炼领导能力。以组织校园学术竞赛为例,负责的学生需要统筹规划竞赛规则、制定详细的时间节点,并合理分配宣传推广、报名组织、赛事执行等各项任务。这种实践不仅有助于提升大学生的任务执行效率,更能培养其系统化思维能力和结构化领导能力,为其未来在更广阔的社会舞台上施展领导才能奠定坚实基础。在此基础上,另一项研究从人际互动的维度对领导行为进行了深入探讨。具体而言,在团队合作完成小组作业或社团项目时,领导者需要倾听成员意见,关注其情感需求,并在成员遇到困难时及时提供支持。通过这样的实践,大学生能够逐步培养出同理心、沟通能力以及团队协调能力,这些正是"关怀型行为"的核心体现。

特质学派的研究为解析大学生领导力发展的个体差异性提供了重要视角。拉尔夫·M.斯托格迪尔(Stogdill R. M.)的研究表明,领导者的性格特质(如自信、果断、坚韧)、能力特质(如沟通能力、组织能力、创新能力)以及动机特质(如责任感、使命感)是影响领导效能的关键因素。[①] 大学生可以通过多种途径培养这些特质。通过参与演讲比赛或担任学生干部,能够增强自信心和决策能力;通过投身创新创业项目,可以锻炼创新思维和资源整合能力;通过参与志愿服务或社会实践,能够激发社会责任感和内在动机。这些实践经历不仅有助于提升个人能力,还为其未来承担领导角色奠定了坚实基础。以组织大型校园活动为例,大学生可能会面临资金短缺、人员变动或时间紧迫等挑战,这些情境要求其灵活应对、及时调整策略,从而培养出抗压能力和问题解决能力。

综上所述,大学生领导力的培养是一个行为与特质双维互动的过程,既需要通过校园活动和社会实践锻炼结构化领导能力和关怀型行为,也需注重培养自信、创新、责任感等关键特质。这些经历共同奠定了大学生的领导力基础,为其未来承担领导角色提供了重要支撑。

二、传统领导力理论的局限

传统领导力理论作为领导力研究的奠基性范式,在推动学科科学化进程中发挥了不可替代的作用。然而,随着组织环境复杂化、技术革新加速以及人本主义思潮的兴起,其理论内核与解释框架逐渐暴露出结构性缺陷。

---

① Stogdill R. M. Personal Factors Associated with Leadership: A Survey of the Literature[J]. *The Journal of Psychology*, Vol. 5, Issuel(Jul., 2010): 35-71.

（一）生物学决定论假设的先天缺陷

传统领导力理论的核心逻辑建立在"生物学隐喻"之上,将领导力视为个体先天禀赋的固化组合,本质上将领导效能归因于遗传优势与生物学特征的不可逆性。这种理论取向在 19 世纪末至 20 世纪初的特质论研究中占据主导地位,但其方法论上的局限性严重制约了理论体系进一步发展的空间。

1. 基因决定论的逻辑困境

托马斯·卡莱尔(Thomas Carlyle)在《论英雄与英雄崇拜》中构建的"英雄史观",奠定了特质论的遗传决定论基础。卡莱尔提出,伟大领袖是文明进程的基因图谱,其超凡能力源于神圣血脉的先天馈赠。[①] 这一论断将领导力简化为生物学意义上的遗传密码,预设了领导基因的不可复制性。然而,领导才能的形成更多依赖于后天经验积累与环境条件的相互塑造。例如,罗斯福(Theodore Roosevelt)虽出身政治世家,但其"强人政治"理念的形成实为应对进步主义运动与社会矛盾激化的产物,而非单纯基因表达的结果。[②]

2. 优生学导向的伦理争议

弗朗西斯·高尔顿(Francis Galton)在《遗传的天才》中提出的"领导力潜能指数",试图通过量化分析验证基因的决定性作用。他构建的"先天禀赋、后天成就"双因素模型虽开创了领导力实证研究先河,但其理论内核深受优生学影响,将社会阶层固化归因于

---

① ［英］托马斯·卡莱尔著.张志民,段忠桥译.论英雄和英雄崇拜[M].北京:中国国际广播出版社,1988.

② 裴妮选编.朱敬文等译.20 世纪著名演讲文录[M].北京:中国对外翻译出版公司,2003.

遗传差异。① 这种生物学简化主义不仅引发了伦理争议,更忽视了个体能动性与社会结构对领导力发展的塑造作用。后续研究也表明,即便在相同遗传条件下,教育投入与社会资源差异仍可能导致领导力潜能的分化。

3. 静态特质的动态悖论

特质论将领导力视为稳定人格特质的集合体,如卡莱尔强调的"战略预见力"与"危机决断力",本质上只是对复杂领导行为的一种静态截面。然而,现代组织研究表明,领导效能高度依赖情境动态性。例如,危机管理中所需的"权威式决策"与日常协作中倡导的"民主式协商",要求领导者具备截然不同的行为特质。② 特质论无法解释同一领导者在不同情境下的效能波动,其"稳定人格特质"假设在实证层面面临严峻挑战。

(二)情境普适性缺失:行为主义范式的解释力衰退

20 世纪 30 年代,行为主义理论试图突破特质论的生物学桎梏,将研究焦点转向可观察的领导行为模式。然而,由于对情境特殊性的重视不足,其理论模型在跨文化、跨组织应用中表现出明显的局限性。

1. 实验室情境的生态效度不足

库尔特·勒温(Kurt Lewin)通过经典实验揭示民主型、专制型与放任型领导风格对团队氛围的影响,为行为主义研究奠定实证基础。然而,此类实验多在高度控制的实验室环境中进行,其结

---

① Francis Galton. *Hereditary Genius*[M]. NY: Barnes & Noble, 2012.
② Kurt Lewin. Experiments in Social Space[J]. *Psychological Review*, 1939 (46): 206-229.

论难以推广至真实组织场景。例如,勒温发现"民主型领导"能激发成员自主性,但在时间紧迫的军事指挥或危机救援中,民主协商可能导致决策延误。[①] 行为主义理论未能构建"行为、情境"的匹配框架,最终陷入普适性幻象。

2. 文化差异性的理论盲区

行为主义理论默认领导行为的标准性与普适性,却忽视了文化价值观对领导效能的调节作用。吉尔特·霍夫斯泰德(Geert Hofstede)的文化维度理论表明,高权力距离文化中的下属更倾向于接受指令式领导,而低权力距离文化则偏好参与式风格。[②] 例如,勒温推崇的"民主型领导"在东亚集体主义文化中可能被视为效率低下的表现。行为主义理论因缺乏对文化差异的敏感性,在全球化背景下逐渐失去了其解释力。

3. 行为与结果的非线性关联

行为主义理论假定特定领导行为(如关怀行为、任务导向)与组织绩效之间存在线性因果关系。然而,权变理论指出,领导行为的效果高度依赖于任务结构、成员能力等中介变量。例如,在高结构化任务中,任务导向行为能够提升效率;而在创新性项目中,过度控制可能会抑制成员的创造力。行为主义的简化论逻辑无法充分揭示领导效能的复杂性,因而限制了其理论的预测能力。

(三)动态适应性不足:权变理论的系统缺陷

权变理论虽然在一定程度上修正了特质论与行为主义的静态

---

① Kurt Lewin. Experiments in Social Space[J]. *Psychological Review*,1939(46):206-229.

② [荷]吉尔特·霍夫斯泰德等著.张炜,王烁译.文化与组织[M].北京:电子工业出版社,2019.

视角,但其机械的匹配逻辑与线性思维模式,难以有效应对数字化转型时代复杂多变的领导力挑战。

1. 情境变量的过度简化

菲德勒的权变模型将情境复杂性简化为"领导者和成员关系""任务结构"与"职位权力"三个维度,并提出"任务导向"与"关系导向"领导风格的匹配方案。然而,数字化组织中的情境变量(如虚拟协作强度、数据驱动决策)已远超传统模型的解释范畴。例如,远程团队领导需同时应对技术适配、跨时区协调与情感联结等多重挑战,而传统权变框架难以提供有效指导。

2. 动态适应的理论缺位

权变理论强调领导者应根据情境变化调整行为,但其"诊断与匹配"的逻辑预设了情境的稳定性与可预测性。在易变性、不确定性、复杂性、模糊性的环境中,领导情境呈现持续流变的特征,传统权变模型难以实现实时适配。例如,在新冠疫情期间,领导者需要在信息不明确的条件下快速迭代决策,权变理论的静态匹配机制显得力不从心。

3. 技术介入的响应失灵

数字化转型要求领导者掌握数据洞察、人工智能伦理等新兴能力,而权变理论并未将技术素养纳入其核心变量。例如,算法决策系统的引入改变了传统"领导者和追随者"的权力结构,领导者需要在技术赋能与人文关怀之间寻求平衡。权变理论因缺乏技术维度,难以充分解释数字原生代领导者的行为模式。

(四)伦理价值缺位:工具理性导向的异化危机

传统理论将领导力窄化为绩效提升工具,忽视其伦理内涵与社会责任,导致理论在价值引领层面暴露出结构性缺陷。

1. 道德判断的理论真空

特质论与行为主义均未将伦理维度纳入领导力的核心要素。例如,勒温的民主型领导研究聚焦于效率提升,却未探讨权力滥用的道德风险。这种价值中立取向在"安然事件"①等企业丑闻中暴露了其弊端,即高效的领导者可能同时是伦理失范者。

2. 社会责任的视角遮蔽

权变理论主要聚焦于组织内部的效能优化,却忽视了领导者在利益相关管理者与社会责任履行方面的角色认识不足。例如,菲德勒模型在分析领导行为与情境匹配时,未将环境可持续性、员工福祉等外部性因素纳入考量范围。这种局限性使得权变理论在面对日益重要的社会和环境议题时显得解释力不足。

3. 文化霸权的隐性渗透

传统领导力理论主要基于西方工业社会的经验,其"个人英雄主义"和"竞争导向"等价值预设形成了一种文化霸权。例如,卡莱尔的"英雄史观"将非西方领导传统边缘化,而变革型领导理论中的"魅力型权威"在集体主义文化中可能引发权威崇拜问题。这种文化中心主义严重限制了这些理论的全球适用性,使其难以有效解释和指导多元文化背景下的领导力实践。

综上所述,传统领导力理论在推动学科科学化进程中发挥了重要作用,但其理论内核与解释框架在当代复杂环境中逐渐暴露出结构性缺陷。首先,特质论的生物学决定论假设将领导力简化

---

① 安然事件是 21 世纪初最具代表性的企业丑闻之一,揭示了公司治理、财务审计和商业伦理的严重问题。安然公司曾是美国最大的能源公司之一,但在 2001 年突然破产,原因是其通过复杂的财务造假手段掩盖巨额债务和亏损。公司高管利用特殊目的实体(SPEs)和会计漏洞虚报利润,误导投资者和监管机构。最终,安然破产导致数千名员工失业,投资者损失数十亿美元,并引发了全球对公司治理和会计透明度的广泛反思。

为先天遗传的固化组合,忽视了后天经验与环境互动的重要性,其静态特质观难以解释领导效能的动态变化。其次,行为主义理论虽转向可观察的领导行为,却因忽视情境特殊性和文化差异性,导致其普适性幻象破灭。权变理论虽尝试修正前两者的静态视角,但其机械匹配逻辑和线性思维模式难以应对复杂时代的动态挑战,尤其在数字化转型中表现出技术维度的缺失。最后,传统理论普遍存在伦理价值缺位问题,将领导力窄化为绩效工具,忽视社会责任与文化多样性,导致理论在全球化背景下的适用性受限。这些缺陷表明,传统领导力理论亟须革新,以适应新时代复杂多变的领导实践需求。

第二节　大学生领导力多维能力培养的实践基础

在新的时代背景下,高校已通过构建多元化实践育人体系,系统打通了理论教学与学术能力转化的关键通道。本节将围绕课堂教学、社会实践、职场体验以及数字化赋能四大维度,系统梳理高校在培养大学生领导力方面形成的创新实践模式。

一、基于课堂教学的领导力培养

（一）教学案例设计中的实践导向

教学案例设计是领导力培养的重要工具,理论基础主要源自建构主义学习理论和情境学习理论。建构主义强调学习者在真实情境中主动建构知识以提升能力,而情境学习理论主张知识通过特定情境中的实践获得。因此,领导力教学案例设计以实践为导向,通过模拟真实领导情境,帮助学生在解决问题过程中建构知识并提升能力。此外,大卫·科尔布(David A. Kolb)的学习圈理论也为案例教学提供了理论支持。他强调通过"具体经验、反思观察、抽象概念化、主动实践"的循环过程,实现知识的转化与能力的提升。

教学案例设计的实践导向在领导力培养中具有重要的现实意义。首先,案例教学能够将抽象的理论知识转化为具体的实践问题,增强学生的学习兴趣与参与度。其次,通过分析真实案例,学生能更好地理解领导力在复杂环境中的应用,并提升解决实际问题的能力。最后,案例教学为学生提供了模拟领导实践的机会,使其在安全的环境中体验决策过程,从而积累经验并提升领导胜任感。

（二）课程体系的多元化构建

课程体系多元化构建是领导力培养的重要理论基础,其核心思想源自多元智能理论与建构主义学习理论。多元智能理论指出,个体能力是多维的,包括逻辑数学、语言、空间、音乐、身体动觉、人际、内省及自然观察等智能。因此,领导力培养课程设计应突破单一模式,满足学生多样化学习需求。建构主义学习理论强调,学习者在多样情境中主动建构知识以提升能力,从而为课程体系多元化设计提供理论支持。此外,成人学习者以自主性与实践导向为特征,课程设计须注重灵活性与实用性,以满足其个性化需求。在领导力培养过程中,课程体系的多元构建展现出显著的实践价值。

课程体系多元化构建在领导力培养中具有重要的实践意义。首先,多元化课程设计能满足不同学生的学习风格与兴趣,提升学习积极性与参与度。其次,通过整合理论、实践与跨学科课程,学生能够从多维视角理解领导力内涵与外延,进而提升综合能力。最后,多元化课程体系为学生提供了多样化的学习路径,使其可根据自身需求选择适合课程,实现个性化发展。

（三）跨学科交叉的深度融合

跨学科交叉的深度融合是领导力培养的重要理论趋势,其理论基础主要源于系统理论和复杂性科学理论。系统理论强调,任何系统都是由多个相互关联的子系统构成的整体,领导力的培养也需从多学科视角出发,整合不同领域的知识与方法。复杂性科学理论则指出,领导力在复杂环境中的表现涉及多维度、多层次的互动,单一学科的知识难以全面解释和应对这些复杂问题。因此,跨学科交叉的深度融合成为领导力培养的必然选择。此外,通过跨学科的知识整合,学习者能够形成更加全面和系统的认知结构,从而提升其解决复杂问题的能力。

跨学科交叉的深度融合在领导力培养中具有重要的实践意义。首先,通过整合心理学、社会学、管理学、工程学等多学科知识,学生能从多维度理解领导力的内涵与外延,提升其综合能力。其次,跨学科课程设计能帮助学生打破学科壁垒,培养其跨领域思维与创新能力。最后,跨学科交叉的深度融合为学生提供了多样化的学习路径,使其能够在复杂环境中灵活运用多学科知识,从而提升其领导效能。

二、基于实践活动的领导力培养

除了课堂教学,实践活动也被广泛视为大学生领导力培养的重要途径。学术界普遍认为,领导力的培养不仅依赖于理论学习,更需要在具体情境中通过实践锻炼和提升。因此,高校及社会组织通过多样化的实践活动,为大学生提供了丰富的领导力培养机会。

（一）学生组织与社团活动是构建大学生领导力培养的核心载体

学生组织和社团活动不仅是大学生领导力培养的核心平台,也是其实践领导力的重要载体。通过参与学生会、社团及兴趣小组等组织,学生能够在实际情境中锻炼组织协调、团队管理和决策能力。研究表明,担任学生组织负责人的学生在领导力各维度上表现出显著优势,尤其是在团队建设、冲突管理和目标达成方面。例如,某高校通过"社团领导力训练营"项目系统培养学生的领导技能,使学生在组织管理、活动策划及团队激励等方面得到全面提升。此外,社团活动为学生提供了多样化的角色体验,使其能够在不同情境中锻炼领导能力,从而提升其领导效能。例如,在组织大型活动时,学生需要协调资源、分配任务并解决突发问题,这些实践经历有助于全面提升其领导能力。研究表明,积极参与社团活动的学生在沟通、问题解决和团队合作方面的能力均有显著提升。

学生组织和社团活动还具有情境多样、角色转换、反馈与反思等优势。学生可以在不同类型的组织(如学术社团、文艺社团、志愿服务组织)中体验多样的领导情境,从而提升其适应能力。同时,学生在组织中可能担任不同的角色(如组织者、协调者、执行者),这种角色转换有助于其全面理解领导力的内涵。此外,通过组织内部的反馈机制和活动总结,学生能够不断反思和优化自身领导行为,从而实现持续成长。总之,学生组织和社团活动不仅是大学生领导力培养的核心平台,也是其综合素质提升的重要途径。通过多样的实践机会和角色体验,学生能够在真实情境中锻炼领导能力,为未来的职业发展奠定坚实基础。

（二）社会实践与志愿服务是推进大学生领导力塑造的重要途径

社会实践与志愿服务不仅是培养大学生领导力的重要途径，还为学生创造了接触社会、服务他人的实践机会。通过参与社区服务、公益项目和社会调研等活动，学生能够在真实的社会情境中锻炼领导能力，提升其社会责任感和团队协作能力。例如，某高校通过"乡村支教计划"和"城市社区服务项目"，鼓励学生在服务过程中担任组织者或协调者，从而培养其领导能力。研究表明，参与志愿服务的学生在沟通能力、问题解决能力和团队合作能力方面得到了显著提升。此外，社会实践和志愿服务还为学生提供了反思与学习的机会，使其在实践中不断优化领导行为。例如，在组织公益活动时，学生需要协调多方资源、制定详细计划并解决突发问题，这些经历有助于全面提升其领导能力。社会实践与志愿服务的优势在于真实性和多样性，能够使学生在不同社会情境中体验领导力的复杂性，从而提升适应能力与综合素养。

由此可见，社会实践与志愿服务不仅是大学生领导力培养的重要途径，也是提升其社会责任感与实践能力的关键环节。通过多样化的实践机会，学生能够在真实社会环境中锻炼领导能力，为未来的职业发展与社会贡献打下坚实基础。

（三）实习与职场体验是拓展大学生真实职场认知与实践能力的平台

实习与职场体验为大学生提供了接触真实职场环境的机会，是培养领导力的重要环节。通过在企业、政府机构或非营利组织实习，学生能够在真实职场中实践领导行为，提升职业素养与领导能力。研究表明，实习经历对学生的决策能力、沟通能力及团队管理能力均有显著影响。例如,某高校通过"校企合作实习计划",鼓励学生在实习过程中担任项目负责人或团队协调者,从而培养其领导能力。参与实习的学生在任务执行、资源协调及问题解决方面的能力表现出显著提升。此外,实习与职场体验还为学生提供了反思与学习的机会,使其在实践中不断优化领导行为。例如,在参与企业项目时,学生需要制定计划、分配任务并应对突发挑战,这些经历有助于全面提升其领导能力。

实习与职场体验的优势在于真实性和实践性,学生能够在真实职场情境中体验领导力的复杂性,从而提升适应能力与综合素养。首先,实习为学生提供了多样化的职场情境,使其能够在不同组织结构和文化中实践领导行为。例如,在跨国企业实习的学生能够体验跨文化团队管理的挑战,而在初创企业实习的学生则能锻炼创新思维与应变能力。其次,实习过程中的角色转换(如从执行者到管理者)有助于学生全面理解领导力的内涵,并培养其系统性思维能力。最后,通过实习中的反馈机制和总结反思,学生能够不断优化自身领导行为,从而实现持续成长。

（四）创新创业活动是激发与锤炼大学生领导力的独特实验场域

创新创业活动为大学生提供独特的领导力培养机会,同时也是推动领导力发展的重要途径之一。通过参与创业计划、创新竞赛与创业实践项目,学生能在充满不确定性与挑战的环境中锻炼领导能力。研究表明,参与创新创业活动的学生在风险承担、创新思维及团队领导能力方面均表现出显著优势。例如,某高校设立"学生创新创业孵化平台",鼓励学生组织团队参与真实创业项目,在项目推进过程中担任项目负责人,承担团队管理、资源整合与市场调研等任务,从而在实践中全面提升领导能力。

创新创业活动的优势在于其挑战性与创新性,学生能在充满不确定性的环境中锻炼领导力,从而提升适应能力与创新能力。首先,创新创业项目往往需要学生从零开始构建团队、制定商业计划、筹集资源并实施项目,这一过程要求其具备系统思维与战略眼光,能够统筹全局并带领团队达成目标。其次,在面对市场变化、技术难题及团队分歧等多重挑战时,学生必须快速反应、果断决策,展现出灵活的领导风格与应变能力。

此外,创新创业活动还为学生提供了多样化的领导情境,使其能够在不同角色与任务中反复历练。例如,在初期项目阶段,学生需担任创意发起者,提出具备可操作性与市场前景的创意;在中期运营阶段,学生则须转变为团队组织者与执行者,负责调动资源、协调进度、监控质量;而在后期评估与优化阶段,学生则须成为战略思考者与沟通者,整合外部反馈,调整发展方向并持续改进。这种多阶段、多角色的转变有助于学生全面理解领导力的动态本质,并培养其大局观与社会责任感。

最后,通过创新创业活动中的导师指导机制、阶段性评估制度及成果展示平台,学生能够及时获取反馈、总结经验、优化策略,不断反思和改进自身的领导行为,实现领导力的持续成长。例如,在"挑战杯""互联网＋"大学生创新创业大赛等项目中,学生在专家评委的建议下优化商业方案,提升项目成熟度的同时,也在不断修正自身的领导力风格,增强自身的实践能力。

三、基于数字化与科技驱动的领导力培养

随着数字化转型进程的不断加快,传统领导力培养模式正面临前所未有的挑战和变革。当前,数字化与科技驱动的领导力培

养实践主要呈现出以下几个特点。

首先,数字领导力的理论与实践研究不断深化,为领导力培养提供了新的理论支撑。张志鑫等从数字领导力的结构维度和量表开发入手,提出数字领导力是由数字思维变革、资源建设、伦理共情以及认知践行等多重维度构成的概念体系,为后续数字化培养实践提供了量化依据。① 同时,刘祺等强调,在数字化转型背景下,领导者需要突破传统管理模式,通过数字技术实现数据感知、场景融入和跨领域治理,从而推动组织变革与创新。②

其次,在教育领域,数字化赋能已成为校长及教师领导力培养的重要途径。蒋娅娟等通过对小学校长的实践调研指出,利用数字化工具(如智慧管理平台、在线教学诊断系统等),校长能够在价值引领、教学改革和组织协同等方面实现能力提升;③而亓建芸等则构建了中小学校长数字化领导力模型,明确了数字化认知、学习、感召、组织、执行和评估等核心要素,④为教育数字化转型中的领导力培养提供了实践路径和理论参照。

再次,在企业及特殊教育等领域,数字化领导力培养也正逐步推进。赵亚普等基于制度创业视角的研究发现,企业领导者借助数字技术推动制度变革活动,能够显著提升数字化转型绩效;⑤杨鹃等的研究则显示,在特殊教育领域,数字领导力通过提升教师能

————————

　　① 张志鑫,郑晓明.数字领导力:结构维度和量表开发[J].经济管理,2023(11):152-168.

　　② 刘祺,刘玥.数字化转型视野下的数字领导力锻造[J].领导科学,2024(5):34-42.

　　③ 蒋娅娟,陈晓慧,汤铭.数字化赋能小学校长领导力的价值体现与实践路向[J].中国电化教育,2024(6):32-37.

　　④ 亓建芸,邵思淙,葛义,陈宁,赵可云.中小学校长数字化领导力模型的构建与阐释[J].现代教育技术,2025(2):74-84.

　　⑤ 赵亚普,李晶钰,刘德鹏,成诗雨.数字领导力与企业数字化转型绩效——基于制度创业视角[J].管理科学学报,2025(2):15-30.

动性和优化组织创新氛围,有助于激发教师的创新行为,推动教育教学模式的变革。[①]

此外,部分研究还关注了数字时代下的政治与组织领导力转型。例如,华诺讨论了数字在场时代中国共产党领导力建设的新要求,表明数字技术正深刻影响领导方式和领导关系的重构。[②] 以上实践探索表明,数字化与科技驱动的领导力培养已逐步形成跨领域、多层次的实践体系,并在不同场景下展现出显著的赋能效果。

总体来看,当前的实践内容主要集中在利用数字技术(如虚拟现实、大数据、人工智能等)构建沉浸式和数据驱动的领导力培养模式,推动教育、企业及其他组织通过技术赋能实现管理变革与创新发展。这些实践不仅丰富了数字领导力的内涵,也为构建科学有效的培养机制提供了实证支持。

第三节　大学生领导力多维能力的内涵探索

本节在整合变革型领导理论、服务型领导理论及行为学派与特质学派研究成果的基础上,结合大学生领导力教育培养的实践经验与理论积累,旨在构建一套多维度的大学生领导力内涵的解释框架。

---

① 杨鹍,李燕,段玄锋,赵微,王庭照.数字领导力与特殊教育教师创新行为的关系:教师能动性的中介作用和组织创新氛围的调节作用[J].中国特殊教育,2024(12):62-70.

② 华诺.问题与回应:数字在场时代中国共产党领导力建设[J].领导科学,2024(3):124-130.

一、学习能力是大学生领导力发展的基石

大学生领导力本质上是一种动态、可塑和持续演进的综合能力体系，其中学习能力构成其发展的基石。这种学习能力既包括主动获取新知识的意愿和能力，也涵盖在复杂环境中反思经验、修正行为、优化决策的过程。因此，本书提出以下理论假设：大学生的学习能力是其领导力发展的基础性构成要素，决定了个体能否在复杂多变的情境中实现持续适应与创新，从而推动领导效能的不断提升。

（一）理论基础与逻辑依据

学习能力作为领导力培养的重要理论支撑，主要源于建构主义学习理论、科尔布的体验学习理论以及领导力发展理论的启示。具体而言，建构主义学习理论认为，个体知识的形成是通过与环境持续互动并主动建构的过程，这为学习能力如何支撑领导力提供了理论基石。大卫·科尔布（David A. Kolb）的体验学习理论进一步指出，个体通过"具体经验—反思观察—抽象概念化—主动实践"的循环，能够持续优化和提升领导技能。同时，变革型领导理论与服务型领导理论也隐含了"个体需具备强大的学习和反思能力，以应对情境的复杂性和不确定性"这一前提假设。

（二）学习能力与大学生领导力的内在逻辑

首先，大学生群体正处于身心成长和认知能力发展的关键时期，因此具有较强的可塑性与发展潜力。与职场中已有成熟认知模式的群体相比，大学生的学习能力决定了其对新情境、新知识的接受度与反应能力，直接影响领导力发展的进程与水平。例如，在

校园实践或创新创业活动中,学生若具备较强的学习能力,则能迅速适应情境变化,及时吸取经验教训,优化其领导行为,从而不断提升领导效能。

其次,学习能力体现了领导者的认知灵活性与动态适应性,尤其体现在对复杂、不确定情境的应对过程中。正如变革型领导理论所强调的"智力激发"维度,领导者通过营造开放的思辨场域,激励团队成员持续学习与创新,最终提升组织整体绩效。这种智力激发能力的前提,正是领导者自身具备高水平的学习能力和持续的认知更新能力。此外,服务型领导理论强调"促进成长"与"反思倾听"的重要性,这也直接指出了学习能力在领导力构建中的价值。一名大学生领导者唯有具备持续学习的意识和能力,才能有效倾听和理解团队成员的反馈与需求,进而实现自我领导风格的优化。这种持续学习与反思机制不仅能提升领导者自身的素质,还可强化团队凝聚力与成员信任感,最终促进领导效能的提高。

(三) 实践经验的启示

当前高校在领导力培养中的实践经验充分验证了学习能力的重要性。比如,在课堂案例教学、社团活动、社会实践与实习体验中,学生的领导力发展往往表现为一个不断学习、反思与成长的循环过程。在社团活动中,学生组织大型校园活动(如文化节、科技竞赛)时,其领导力表现往往依赖于能否迅速掌握项目管理知识、团队协调技巧和突发事件应对策略。相反,缺乏学习能力的学生通常难以适应复杂多变的情境,从而导致领导效能显著下降。

同样,创新创业活动提供了一个充满不确定性的真实场景。大学生在创业初期通常缺乏必要的经验和知识,而那些具备较强学习能力的学生能够迅速识别自身的知识短板,通过主动学习、及时调整策略并积极适应环境变化,从而推动项目顺利实施。相关研究表明,拥有较强学习能力的学生在创新思维、风险承担和决策能力上明显优于同龄人。

因此,从理论建构的角度看,强调学习能力的重要性突破了传统领导力理论对先天特质与固定能力的局限,凸显了领导力发展的动态性和持续性。这种视角不仅符合当前复杂社会情境的时代诉求,还为领导力内涵研究提供了全新的解释框架。大学生领导力不再是静态特质的简单组合,而是一个伴随个体终身成长、持续演进的能力体系,而学习能力则成为推动这一过程的重要动力。

二、政治素养是大学生领导力内涵的价值根基

领导力作为一种综合性的多维能力体系,不仅体现在个体的决策能力、团队协作和创新精神上,还以政治素养作为价值基石,融入领导力"实践"全过程。政治素养主要包括大学生正确的价值观、清晰的政治认知和较高的社会责任感。基于此,本节提出如下理论假设:政治素养是大学生领导力内涵中的价值根基,它确定了领导行为的道德规范与价值方向,并影响大学生领导者在复杂环境中做出符合时代要求和社会期望的战略性决策。

（一）理论支撑与逻辑框架

政治素养的理论基础主要来源于变革型领导理论与服务型领导理论,这两种理论通过对价值引领和伦理实践的深入探讨,为政治素养提供了重要支撑。其中,政治觉悟与责任担当共同构成了政治素养的核心内涵。具体来说,变革型领导理论提出的"愿景激励"要求领导者不仅具备战略思维,还清晰界定组织的政治使命与社会责任,借助崇高的价值目标激发追随者的内在动力。与此同

时,服务型领导理论认为,领导者不仅是组织目标的实现者,更是社会价值的践行者,必须具备较高的政治敏锐性和社会责任感,以促进组织与社会的和谐共进。政治素养表现为个体对社会发展规律的深刻认知、历史方向的准确把握以及社会责任的自觉践行,这正是大学生领导力培养中价值引领与使命驱动相统一的核心要义。只有具备高水平政治素养,大学生领导者才能建立清晰的角色认识,科学研判时代特征以形成战略规划,并有效引领团队实现组织目标与社会价值的统一。

(二)政治素养与大学生领导力的内在逻辑

首先,政治素养构成了大学生领导力的价值基础,直接决定了领导行为的伦理准则与价值取向。在复杂社会环境中,大学生领导者常常面临利益博弈、资源分配以及道德冲突等多重挑战,高政治素养能够帮助大学生领导者树立明确的是非观,坚守道德底线,从而确保决策符合公共利益和社会公正。例如,在社会实践和志愿服务活动中,政治素养较高的学生往往能够自觉抵制功利主义倾向和利己主义诱惑,始终将领导行为导向社会公益与可持续发展。

其次,政治素养塑造了大学生领导力实践的社会价值取向和使命驱动特性。变革型领导理论所强调的"愿景激励"表明,领导者必须拥有清晰的政治认知和价值判断,才能有效凝聚团队力量,共同推动社会进步。比如,在创新创业活动中,政治素养较高的大学生领导者更关注创业成果的社会影响,倾向于选择具有社会价值和环境可持续性的项目,实现商业价值与社会效益的统一。

此外,政治素养还反映在大学生领导力的跨文化胜任力与社会融合效能。面对全球化和跨文化交流不断深入的现状,具备良好政治素养的大学生领导者更容易理解不同文化背景下的价值冲突，尊重多元文化，并开展有效的跨文化沟通与协作。这不仅增强了团队凝聚力，更有效拓展了领导者在多元社会情境中的感召力与变革影响力。

（三）实践经验的启示

高校在领导力培养实践中充分表明，政治素养已成为衡量大学生领导力的重要标准。例如，各高校广泛开展的学生干部培训和党团建设活动都高度重视政治素养的培养，不仅要求大学生领导者具备较强的组织协调和沟通能力，还注重其政治站位和思想觉悟。研究显示，在党团活动中表现突出的大学生领导者表现出更高的社会责任感和更强的伦理意识。

在社会实践和志愿服务活动中，具备较高政治素养的学生能够敏锐地发现社会问题，准确回应服务对象需求，并提升志愿服务的精准性和有效性。他们身体力行地践行社会责任，生动诠释社会主义核心价值观的实践要求。例如，在高校组织的乡村振兴实践中，政治素养突出的学生能够自觉对接国家战略需求，带领团队开展精准施策，实现实践效果与社会效益的双重提升。

总之，从理论构建的角度看，强调政治素养在大学生领导力内涵中的作用，不仅突破了传统领导力理论中工具理性导向的局限，也进一步凸显了领导力的价值导向和社会使命。政治素养作为领导力的价值根基，确保大学生领导者在追求组织目标和个人成长过程中，始终保持正确的政治方向和价值取向。

三、领导意识是大学生领导力行为的导向系统

大学生领导力作为一种多维动态能力系统，不仅体现为具体

的领导行为、价值观念与综合素质，更体现为一种深层次的内在意识，即领导意识。领导意识是大学生在领导实践过程中，能够自觉施加影响、主动承担责任与使命，并展现出持续自我革新与价值坚守的内在驱动力，从而决定其领导行为的方向性。因此，本节提出以下理论假设：领导意识是大学生领导力行为的导向系统，决定了大学生领导者能否主动识别领导情境、明确角色定位，并在实践中有效调整自身领导行为，进而提升领导效能与社会影响力。

（一）理论基础与逻辑依据

领导意识的理论基础主要来源于领导自我效能理论、角色认同理论和领导认知理论。有学者指出，领导者若具备强烈的领导自我效能感，能更主动地识别自身的领导角色，并在领导实践中积极发挥作用。同样，领导者只有清晰地认识和认同自身领导角色，才会表现出稳定一致的领导行为，并持续发挥影响力。领导认知理论则进一步指出，个体的领导行为受到其对领导角色和情境的认知影响，领导意识越清晰，行为表现越主动。由此可见，领导意识作为一种心理认知状态，直接影响大学生在具体实践情境中能否自觉而高效地发挥领导作用。

（二）领导意识与大学生领导力行为的内在逻辑

首先，领导意识的强弱直接影响大学生在实践活动中主动发挥领导行为的意愿和程度。在校园社团、社会实践或创新创业等具体情境中，大学生群体常因经验不足而处于"被动领导"状态，即只有在外界压力下才被动地表现出领导行为。但具备较高领导意识的大学生，能够主动识别领导机会，积极承担责任，发挥引领作用。例如，在团队协作中，具备较高领导意识的学生会主动提出解决方案、协调团队分歧,体现出较强的执行能力。

其次,领导意识能使大学生更清晰地认识自身角色,明确自我定位,从而提升领导行为的有效性。领导行为并非简单的技能应用,而是需要基于对自身角色的清晰认知,主动进行调整与优化。比如,在职场体验或创新创业项目中,当团队出现冲突或任务受阻时,具有清晰领导意识的大学生能够迅速明确自身应扮演的角色(如协调者、决策者或激励者),并迅速采取相应行动,从而提升组织效率与团队凝聚力。

此外,领导意识还表现为大学生对自身领导行为的反思与调整能力,这种持续的自我完善过程能够推动领导效能的不断提升。具备较高领导意识的学生往往拥有较强的自我觉察能力,能及时意识到自身领导行为的不足与盲点,并主动进行调整与优化,从而实现持续成长。以校园活动组织为例,领导意识高的学生在完成任务后通常会主动组织团队开展复盘,反思自身领导策略的有效性,并在后续活动中做出改进。

(三)实践经验的启示

当前高校领导力培养的实践经验也充分体现了领导意识在大学生领导力发展中的关键作用。例如,各高校开展的学生干部培训项目或领导力工作坊,通常将培养大学生的领导意识作为核心目标之一。这些培训课程通常通过情境模拟、角色扮演、反馈与反思等方式,引导大学生主动意识到自身领导角色的责任与使命,从而在后续实践中主动发挥领导作用。

具体而言,在高校创新创业竞赛中,表现突出、取得良好成绩的学生团队往往具备强烈而自主的领导意识。这些学生能够主动识别创业机会,明确团队目标,积极承担领导责任,主动协调内外部资源,展现出较高的领导效能。相反,领导意识不够明确的学生团队,尽管具备一定技能,但往往在情境变化时表现出领导迟缓或决策滞后,导致整体效能下降。

综上所述,从理论建构层面来看,强调领导意识的重要性,突破了传统领导力理论过度关注外显行为而忽视内在心理机制的局限。强调领导意识,意味着领导力培养不仅需要关注行为训练和技能提升,还要关注大学生领导者内在的自我认知、自觉行动和持续成长的心理过程。这种理论视角更符合大学生群体身心发展的实际情况,有助于构建一个更具内在动力与实践导向的领导力培养体系。

四、情绪智力是大学生领导力的核心维度

大学生领导力是一个多维动态的综合能力系统,既包括个体的战略决策能力、政治觉悟和领导意识等认知层面要素,也涵盖情绪智力这一涉及人际互动与情绪管理的核心能力。情绪智力本质上体现为个体在领导实践中对自身与他人情绪的准确感知、有效管理和积极运用的能力。这种能力是领导者进行有效沟通、激发团队潜能并提升领导效能的核心维度。因此,本节提出以下理论假设:情绪智力是大学生领导力的核心维度,决定了大学生领导者能否有效识别、理解并管理自我和团队成员的情绪,进而在复杂情境中实现有效互动,提升团队凝聚力与领导效能。

(一)理论基础与逻辑依据

情绪智力的理论依据主要源于萨洛维、梅耶提出的情绪智力理论,以及戈尔曼倡导的情绪智力领导理论。梅耶、萨洛维将情绪智力定义为个体准确感知情绪、促进思考、理解情绪及有效管理情

绪的能力,强调了情绪智力在领导效能中的基础作用。戈尔曼则指出,情绪智力由自我认知、自我管理、社交认知和人际关系管理四个维度构成,领导者的高效能不仅取决于专业技能,更高度依赖于情绪智力水平的高低。由此可见,情绪智力作为人际互动与关系管理的重要能力,直接影响领导者的个人魅力与社会影响力,成为决定领导效能的核心维度之一。

(二)情绪智力与大学生领导力的内在逻辑

首先,情绪智力直接决定了大学生领导者的自我管理能力水平。大学生在领导实践中经常需要面对压力、冲突、不确定性等复杂情境,高水平的情绪智力能帮助其在高压环境下有效地管理情绪,保持情绪稳定与决策理性,从而保证领导决策的质量与效率。例如,在组织大型校园活动或创新创业项目时,大学生领导者若具备较高情绪智力,能有效应对突发问题和压力情境,从而展现出更高的决策能力与卓越的领导效能。

其次,情绪智力决定了大学生领导者的人际互动与团队管理能力。领导效能的核心之一即能否有效激发团队成员的积极性与创造力,而这高度依赖于领导者识别他人情绪、满足团队情绪需求并恰当运用情绪激励手段的能力。具备较高情绪智力的大学生领导者,往往能更准确地识别和理解团队成员的情感诉求,进而采取有效的沟通方式与激励策略,增强团队凝聚力与提升成员满意度。

最后,情绪智力影响着大学生领导者跨文化情境的适应能力与社会包容性。当前大学生的领导实践不仅限于校园范围,也涉及跨文化交流、国际化合作以及多元团队管理。情绪智力高的大学生领导者能够更好地感知不同文化背景下团队成员的情绪与心理需求,从而实现更有效的跨文化沟通与合作。

（三）实践经验的启示

高校领导力培养的实践也印证了情绪智力在大学生领导力发展中的重要性。例如,许多高校在开展领导力培养计划或学生干部选拔时,明确将情绪智力列为关键考核指标之一。研究显示,那些在学生组织、志愿服务、实习和创新创业活动中表现出色的学生,普遍具有较高的情绪智力。这些学生领导者善于识别和调节团队成员的情绪状态,能够更有效地化解冲突,激发团队成员的工作热情,推动团队绩效提升。

在校园活动的组织过程中,情绪智力高的学生领导者往往表现出更为成熟的人际互动技巧。例如,在志愿服务或公益项目中,这些学生领导者能够及时察觉成员因任务压力或挫折而产生的负面情绪,通过恰当的安慰、鼓励和激励策略迅速提升团队士气,保证任务顺利推进。

综上所述,从理论建构层面来看,情绪智力维度的引入,突破了传统领导理论中过于关注认知与技能而忽视情感与互动维度的局限。强调情绪智力意味着领导力培养不仅仅是培养大学生的理性决策与管理技能,更需要关注个体情绪管理与人际互动能力的发展。这种理论视角更加全面地反映了真实领导实践中的复杂性与动态性,丰富了大学生领导力理论的内涵与解释框架。

五、人际关系与沟通能力是大学生领导力的外显性赋能

大学生领导力作为一种综合性的多维能力体系,不仅体现为个体内在的价值导向、情绪智力和领导意识,更通过外显的人际关系与沟通能力展现出来。这种外显性赋能主要体现在:大学生领导者在具体情境中,有效建立与维系积极的人际互动关系,以及通过清晰而有说服力的沟通实现团队目标的能力。因此,本节提出

以下理论假设：人际关系与沟通能力是大学生领导力的重要外显维度，决定了大学生领导者能否有效协调团队关系、明确传递目标信息并激发团队成员的协作与认同，进而提升领导效能与团队绩效。

（一）理论基础与逻辑依据

人际关系与沟通能力的理论基础主要源于领导力的行为理论、人际关系理论以及沟通理论。行为领导理论强调，领导效能取决于任务导向与人际导向的平衡。其中人际导向尤为关键，优秀的领导者需要通过良好的人际互动来提升团队凝聚力。人际关系理论提出，领导者通过有效的人际互动与关系管理，可以有效提升团队成员的满意度和忠诚度，进而提升团队绩效。沟通能力在领导力中具有关键作用，它要求领导者能够清晰准确地传递信息、有效说服团队成员，并妥善解决冲突与误解。

（二）人际关系与沟通能力对大学生领导力的影响机制

首先，优秀的人际关系与沟通能力是大学生领导者有效协调团队、建立影响力的基础。大学生在参与社团活动、社会实践和创新创业项目时，需不断协调团队成员的多样性需求与协作矛盾。具备较强人际关系与沟通能力的学生领导者能够迅速建立信任关系，通过有效的倾听与沟通及时化解冲突，增强团队成员间的相互理解与合作意愿，提升组织运行效率。

其次，人际关系与沟通能力直接影响领导信息传递的效度和信度。大学生领导力实践中经常涉及复杂的信息传递任务，尤其是在创新创业或跨学科项目中，学生领导者需要快速整合和明确传达目标信息，确保团队成员理解并接受任务安排。具备优秀沟通能力的领导者能够以清晰、具体且具有说服力的方式传达信息，有效提高团队执行力,避免因信息失真造成的资源浪费或任务延误。

最后,良好的人际互动与有效沟通构成大学生领导者获得团队认同和实现激励效应的核心机制。领导者对团队的激励作用往往通过情绪感染与语言沟通来实现,善于沟通的大学生领导者,能更有效地激发团队成员的情感共鸣与内驱动力,从而提升团队士气与工作效率。例如,在校园活动组织或志愿服务中,沟通能力强的学生领导者通常更善于通过激励性语言调动团队成员积极性,进而有效提升团队绩效。

(三)实践经验的启示

高校领导力培养的实践研究证实,人际关系与沟通能力构成大学生领导力发展的核心要素。在领导力人才选拔与培养体系中,许多高校将沟通能力与人际交往能力作为核心评估指标,强调这两项核心素质直接决定学生在组织协调与项目执行中的实践效能。例如,在高校社团和学生组织的实践中,能够快速建立良好人际关系、有效沟通的学生领导者,通常能够更顺利地推动各类校园活动或项目的开展,显著提高团队的合作水平与整体表现。而在职场体验或创新创业实践中,优秀的人际沟通能力也成为大学生与企业、政府部门、客户或合作伙伴有效互动、推动项目顺利实施的关键要素。研究显示,那些人际交往与沟通能力突出的学生,普遍表现出更强的社会适应力与领导效能,在团队满意度与绩效表现上明显高于沟通能力不足的同龄人。

综上所述,从理论建构层面看,人际关系与沟通能力视角的引入,突破了传统领导力理论中过于关注个体内在特质或知识技能而忽略外显人际互动维度的局限。强调人际关系与沟通能力,意味着大学生领导力的培养必须兼顾内外平衡,既强调自我认知和价值导向的内在发展,也要突出人际互动与沟通实践的外显赋能。这种理论视角更符合大学生群体在领导力实践中面临的实际情境,有助于构建一个更完整、更具实操性的领导力培养框架。

六、自我管理能力是领导力的稳态维持系统

大学生领导力作为一种多维的综合能力体系,除了体现为价值导向、情绪智力与人际互动能力之外,更表现为个体在复杂环境中的持续稳定性与自我控制力,即自我管理能力。这种能力本质上体现为大学生领导者在领导实践中对自身行为、情绪、目标和资源的主动规划、监督与控制的能力。自我管理能力决定了领导者能否在不确定性和复杂情境中保持领导行为的持续性与稳定性。因此,本节提出以下理论假设:自我管理能力是大学生领导力的稳态维持系统,它决定了大学生领导者能否有效地控制自我状态、合理配置资源、保持决策理性,并在复杂情境中实现领导行为的持续性与稳定性。

（一）理论基础与逻辑依据

自我管理能力的理论基础主要源于自我调节理论、领导自我管理理论以及情绪自控理论。具体而言,班杜拉的自我调节理论强调,个体通过目标设定、自我监督、自我反馈和行为修正,能够实现稳定的自我管理并达成目标;戈尔曼的情绪智力理论明确指出自我管理能力是情绪智力的重要维度之一,领导者需要在情绪波动与复杂情境中保持理性与稳定,才能实现领导效能的最大化。

（二）自我管理能力与大学生领导力的内在逻辑

首先,自我管理能力决定了大学生领导者的心理韧性与情绪

稳定性,使其能够在压力情境中保持认知清晰与行为效能。大学生在领导实践过程中往往面临多样化的挑战,如学业任务压力、团队成员冲突或资源短缺等问题。具备较强自我管理能力的大学生领导者能够有效管理自身情绪与压力,及时调整心理状态,避免因情绪波动或压力过大导致决策失误。例如,在创新创业项目或大型校园活动中,自我管理能力较强的大学生领导者通常能在紧张局势中保持冷静,及时制定应对策略,确保团队稳定推进项目。

其次,自我管理能力是大学生领导者实现目标规划与资源分配的基础。领导实践本质上是一个系统性的任务过程,需要领导者主动设定目标、合理分配资源并高效执行计划。具备良好自我管理能力的大学生领导者通常具有更高的时间管理、任务规划和资源整合能力,这使他们在复杂任务执行过程中能够高效地推动团队朝目标迈进,确保任务的持续推进。

最后,自我管理能力保障了大学生领导行为的持续性与可预测性。领导效能不仅取决于领导者的单次决策质量,更依赖于其能否在长期实践中保持稳定、持续的行为表现。自我管理能力强的领导者能够有效地持续激励自我、管理行为习惯,并在长期过程中实现领导风格与行为模式的持久稳定,避免因个人情绪波动或环境变化产生的表现失稳。

(三) 实践经验的启示

高校领导力培养的实践也表明,自我管理能力被证实构成大学生领导力发展的关键调节变量。高校通过开设"自我管理与成长""情绪调节与抗压训练"等领导力课程,能显著提升大学生在领导实践中的自我控制与自我管理能力。实践证明,那些具有较强自我管理能力的大学生领导者,通常表现出更稳定、更有效的领导行为。例如,在社会实践、志愿服务或学生组织活动中,自我管理能力强的学生领导者能够有效规划任务执行的时间节点与资源配置,避免团队因计划不足而出现混乱。此外,在创新创业实践中,具备高水平自我管理能力的大学生领导者通常更善于抵御创业过程中的风险与压力,展现出更强的战略决策能力与团队凝聚能力,从而显著提升项目成功的可能性。

　　综上所述,从理论建构层面来看,强调自我管理能力的重要性,突破了传统领导力理论中过于关注领导者外显表现而忽略个体内在自我控制与稳态维持机制的局限。突出自我管理能力意味着领导力培养需要更关注个体对自我状态与自我效能的主动管理。这种理论视角强调领导力不仅仅体现为外部影响力,更体现为个体内在的持续性与稳定性。

七、创新能力是大学生领导力的高阶维度

　　在大学生领导力的多维模型中,除了自我管理、情绪智力、人际沟通及其他内在与外显的能力之外,创新能力作为一种高阶认知和实践维度,代表着大学生在复杂环境中突破路径依赖、实现颠覆性创新的核心能力。创新能力不仅体现为认知灵活性与新颖产出的协同效应,还反映了领导者在面对不确定性与竞争压力时,能够主动探索并引领变革的综合素质。因此,本节提出以下理论假设:创新能力作为大学生领导力的高阶维度,不仅代表个体在知识整合与问题解决上的突破能力,更决定了领导者在推动组织变革、激发团队创造力以及适应未来社会挑战方面的战略高度与持续竞争力。

　　（一）理论基础与逻辑依据
　　创新能力的理论基础主要源自以下几方面的理论。变革型领

导理论强调领导者通过激发团队成员的内在潜力，促进组织整体变革与创新。创新能力正是推动这一过程的关键要素，不仅要求领导者具备前瞻性思维，还需能够设计和实施新的战略方案，以应对不断变化的外部环境。在多元化教育背景下，大学生的创新能力表现为对不同领域知识的整合与再创造，这为领导力高阶维度的构建提供了坚实的理论基础。尤其在高度不确定和竞争激烈的环境中，组织和个体需要不断地调整、学习与创新，以保持竞争优势。大学生领导力的创新能力，正是这种动态适应和持续变革能力的体现。

（二）创新能力与大学生领导力的内在逻辑

首先，创新能力决定了大学生领导者能否在复杂多变的环境中打破常规，提出具有颠覆性的新思路。面对日益激烈的竞争和快速变化的社会环境，具备创新能力的领导者能够快速捕捉市场与环境变化，突破固有模式，为团队制定全新的发展战略。例如，在校园内的创新创业项目中，拥有较强创新能力的学生往往能够带领团队探索出更具前瞻性和竞争力的商业模式，从而提升整体项目成功率。

其次，创新能力是激发团队创造力和集体智慧的关键驱动力。大学生领导者在日常管理和团队合作中，通过鼓励多元化思维和跨界合作，能够激发团队成员的潜能，形成集体创新效应。正如变革型领导所强调的智力激发维度，高阶的创新能力不仅促使领导者自身不断更新认知，也在团队中营造出宽容失败和不断探索的氛围，为整体组织注入持续变革的动力。

最后，创新能力还体现在大学生领导者对新技术、新理念的敏感度及其应用能力上。在数字化转型和全球化趋势的推动下，新兴技术和跨界知识成为推动组织变革的重要力量。具备创新能力的领导者往往能够快速吸收并有效运用这些新兴元素,提升组织竞争力,同时也为团队带来更广阔的发展视野和资源整合能力。

（三）实践经验的启示

在高校的领导力培养实践中,创新能力已经成为评价大学生领导者的重要指标之一。例如,各类"挑战杯""互联网＋"大赛以及校内创新创业项目中,获奖学生团队通常不仅在执行力上表现突出,更展现出独特的创新思维和跨界整合能力。高校通过提供创新训练营、专题研讨和跨学科项目等实践平台,致力于培养学生在实际情境中发现问题、提出新方案和推动变革的能力。实践证明,具有较高创新能力的大学生领导者在项目策划、团队激励和资源整合方面常能打破常规,创造出超预期的成果。此外,部分高校在课程设置中引入创新实验、创意工作坊等模块,进一步验证了创新能力对领导效能的促进作用。研究显示,那些在创新课程中表现优异的学生,其后续在团队管理、跨文化合作和风险应对中的表现往往更加突出,这进一步佐证了创新能力作为领导力高阶维度的重要作用。

综上所述,从理论建构层面来看,强调创新能力的高阶维度,不仅丰富了大学生领导力模型的内涵,也突破了传统领导力理论中局限于稳定性和执行力的内容范畴。创新能力的引入,体现了领导力发展的动态性和未来导向,既强调个体在当下情境中的决策与管理,也预示着面对未来不确定性时持续变革与突破的重要性。这种理论视角为高校培养既有稳定执行力又具备前瞻性、变革能力的新时代领导者提供了新的思路和实践路径。

八、团队合作能力是大学生领导力的协同核心

团队合作能力作为大学生领导力的重要维度,体现了个体在

集体中协调、协作与共赢的实践水平。它不仅关乎领导者自身的协同作用,更是实现整体团队效能提升、推动组织目标达成的关键因素。因此,本节提出以下理论假设:团队合作能力是大学生领导力的协同核心,决定了大学生领导者在团队中能否有效调动各方资源、处理不同意见,并通过合作实现集体智慧的整合,从而推动团队整体绩效与创新成果的不断提升。

（一）理论基础与逻辑依据

团队合作能力的理论基础主要源自以下几方面的理论。社会互赖理论强调个体在团队中存在相互依赖关系,只有通过有效协作,团队成员才能共同完成复杂任务,进而提升整体效能。在大学生在团队实践中,通过强化协作意识,能够形成互补优势,实现$1+1>2$的效应。团队内部关系的建立、沟通与冲突管理直接影响团队的凝聚力和创造力。团队合作能力在这一过程中,起到协调个体差异、整合集体智慧的重要作用。由此可见,当团队成员在明确共同目标和分工协作的基础上,彼此信任,有效沟通,能够产生超越个体能力的协同效应,推动整体创新与持续发展。

（二）团队合作能力与大学生领导力的内在逻辑

首先,团队合作能力决定了大学生领导者在团队中的协调与沟通效果。优秀的团队合作能力不仅要求领导者具备清晰的目标传达和任务分工能力,更要求其在团队内部营造积极的沟通氛围,使各成员能够充分发挥各自优势,共同应对挑战。例如,在校园项目或社会实践中,领导者通过组织定期的团队讨论与反馈会议,有效整合团队资源,减少内部摩擦,提升整体工作效率。

其次,团队合作能力体现为领导者对团队多样性与差异化的包容与调适。大学生团队通常由背景、专业、性格各异的成员组成，只有具备较高团队合作能力的领导者，才能识别并发挥这些差异的互补优势，建立高效协作机制，进而促进团队的创新与持续进步。

最后，团队合作能力还影响着团队的共同决策与风险应对的水平。具备强烈合作意识的大学生领导者，能够通过集体讨论和多方意见整合，作出更加科学合理的决策，从而在面对突发情况时，依靠团队集体智慧迅速调整策略，保持组织的稳健发展。

（三）实践经验的启示

在高校领导力培养实践中，团队合作能力一直被视为评价学生领导力的重要指标之一。许多高校在学生社团、创新创业项目和志愿服务活动中，通过设置团队任务、组织协作训练和开展跨学科项目，系统提升学生在团队合作中的实践能力。例如，在参与"挑战杯""互联网＋"大赛的过程中，表现突出的学生团队往往具有明确的合作分工、良好的内部沟通机制和高效的协同决策能力。这不仅使团队在竞争中取得优异成绩，也充分验证了团队合作能力在推动整体领导效能中的关键作用。同时，各高校定期开展团队建设工作坊和沟通技巧培训，进一步提升学生在实际工作中的协同合作水平。

综上所述，从理论建构层面来看，强调团队合作能力的核心地位，突破了传统领导力研究中对个体决策和情绪管理的单一关注，扩展了领导力内涵至团队协同与集体效能的范畴。这不仅丰富了大学生领导力模型的多维结构，更为培养具有实际操作能力和集体智慧的新时代领导者提供了实践指导。通过构建系统的团队协作训练机制，高校能够在提升个体领导素质的同时，促进团队整体效能和社会创新能力的双重提升。

第三章
大学生领导力多维能力的实证研究

在第二章中,我们系统梳理了大学生领导力的理论基础。基于理论框架的构建,本章进一步聚焦大学生领导力的核心能力构成,采用问卷调查与深度访谈相结合的实证研究方法,对前期构建的领导力理论模型进行验证与优化。

第一节　正式问卷的形成

一、调查目的

本研究旨在通过小样本预测试,为正式问卷的大规模发放提供科学依据。具体包含两个核心目标:

(1)采用信度分析方法检验调查数据的内部一致性,确保研究结果的准确性与可靠性;(2)通过因素分析构建大学生领导力的多维结构模型,对前期理论构建的维度假设进行实证检验。

二、实证调查设计

1. 初测问卷的设计原则

初测问卷的设计遵循理论与实践相结合的原则,具体设计依据体现在以下两个方面。

一是维度构建的科学依据。本研究在领导力维度设计上主要参考了成熟量表的理论框架与实证研究成果。学习能力、情绪智力(采用 Schutte 情绪智力量表 EIS 范式)、创新能力及人际关系能力等经典量表为问卷维度划分提供了理论基础。另外,北京大学心理学系《北京大学领导力研究问卷》的实证研究具有重要参考价值。该研究从个人特质(含学习能力、创新力、人际互动技能、自我监控能力等七个维度)与行为特征双重视角解析领导力,其调查结果显示,高领导力个体在这些特质上表现尤为突出(p<0.01),这为本书构建大学生领导力能力维度提供了实证支撑。

二是题项设计的参考来源。问卷题项编制充分吸收已有研究的测量经验。在团队合作维度,借鉴郑州航空大学《大学生领导力调研问卷》的测量思路,将"工作协作模式"(如通常独自处理工作还是与他人合作)与"创新策划能力"(如能否策划有意义且富有新意的团队活动)等观测点纳入量表。在特质测量维度,综合北京大学心理学系问卷的测量指标,将政治素养、信息收集能力等抽象概念转化为可操作化题项,确保问卷既具理论深度又具备实践可行性。

2. 深度访谈表的设计原则

(1) 访谈设计与分析流程

本研究通过专家深度访谈建构理论框架,采用系统性内容分析法对访谈文本进行编码处理。具体实施包含三个步骤。首先,基于预设问题(如"您认为领导力的核心能力维度有哪些?""改进领导力培养的具体措施是什么?")获取专家观点。其次,对访谈文本进行概念提取与主题归纳,识别大学生领导力的关键维度特征。最后,运用演绎推理法将质性分析结果转化为可测量问项,确保问卷设计兼具理论依据与实践适切性。

(2)问卷结构与测量体系

经过三轮修订完善,最终形成的《大学生领导力多维能力问卷》包含三个模块。① 基本信息模块。采集性别、年级、专业类别、家庭背景等人口统计学变量。② 核心能力模块。围绕八个测量维度,即政治素养、领导意识、情绪智力、学习能力、团队合作能力、人际关系与沟通能力、自我管理能力、创新能力。采用李克特五级量表计分(5＝完全符合,1＝完全不符合)。③ 环境影响因素模块。评估校园文化氛围、课程设置、实践活动、师生互动等对领导力发展的影响。

三、大学生领导力多维能力的探索结果

1. 小样本测试

为确保问卷的科学性和有效性,笔者在某大学进行了小样本测试。此次问卷调查,共发放问卷 300 份,收回有效问卷 290 份,有效问卷率 96.7%。问卷信度为 0.933 8,信度在 0.9 以上说明问卷的信度非常好,因此可以采用该问卷。

2. 正式问卷的形式

为确定假设的领导力下的八个维度以及八个维度下的因子是否准确,用 SPSS 对每一个测量维度的信度进行分析。采用删除某项后该维度的信度差异进行问项的筛选,共删除 8 项,分别是20、21、23、25、26、34、35、36 项目,并在此基础上进行因子分析。为确定假设的领导力下的八个维度以及八个维度下的因子是否准确,用 SPSS 的因子分析对其检验与分析。

在进行因子分析之前,首先要检验样本数据是否适合做因素分析,通常采用 KMO 值进行衡量。KMO 值在 0.9 以上表示极适合进行因素分析;0.8—0.9 表示适合;0.7—0.8 表示可以进行;0.6—0.7 表示不太适合;0.6 以下则表示不适合进行因素分析。本问卷的 KMO 值为 0.957,表明非常适合进行因素分析。同时,显著性 p 水平为 0.000($p<0.05$),表明各个项目的得分不在同一个球面上,可以进行因素分析。见表 3-1-1。

表 3-1-1　KMO 和巴特利特检验

KMO 值		0.957
巴特利特检验	近似卡方分布	15 482.3
	自由度	1 128
	显著性	0.000

第二步,采用 Kaiser 标准的正交旋转法,使用主成分分析法对大学生领导力的 40 个项目进行因素分析。根据因素负载结果,删除负荷量小于 0.4 的项目,并去除交叉负荷较高的项目,最终删除 6 项,保留 34 个项目,因子结构见表 3-1-2。

表 3-1-2　大学生领导力六因素负荷矩阵

问　　项	成分(因子)					
	1	2	3	4	5	6
42 在团队活动中有创造性的想法	0.83					
44 很多人都认为您是个有创意的人	0.81					

续　表

问　　项	成分(因子)					
	1	2	3	4	5	6
41 有创新意识	0.78					
43 能执行自己有创意的想法	0.77					
27 策划的活动基本能被采纳执行	0.63					
28 会采用科学的方法来组织策划活动	0.57					
40 对于您的决策或者意见,同学们很配合	0.55					
24 善于把您所学的知识应用到实践中	0.47					
33 拥有稳定的人际关系网		0.72				
32 事情的成功很多取决于集体的力量		0.68				
31 自己是个很有团队意识的人		0.67				
29 在处理事情的时候,喜欢跟别人合作		0.64				
30 在做决定时,喜欢跟别人讨论		0.56				
37 善于与人沟通		0.56				
16 具备良好的品德		0.53				
22 善于学习接受新事物		0.43				
14 拥有坚定的政治信仰			0.81			
17 具有鲜明的政治观点			0.79			

续　表

问　　项	成分（因子）					
	1	2	3	4	5	6
15 拥有坚定的政治立场			0.79			
18 具有高度的政治鉴别力和敏锐性			0.71			
13 经常关心国家大事			0.61			
1 善于自省				0.63		
2 能很好地控制自己的情绪				0.63		
5 在公共场合很少或偶尔直接指出别人的错误				0.58		
4 善于倾听				0.57		
6 在某些社交场合，即使心中不高兴也能够泰然处之				0.53		
3 能准确地判断他人的感受或情绪				0.43		
46 善于整理资料					0.73	
47 善于理财					0.65	
48 善于整合信息					0.65	
45 善于自我管理					0.60	
8 认为作为一名学生干部很有意义						0.82
7 很愿意成为一名学生干部						0.81
9 梦想当一位有影响力的领袖人物						0.67

通过初步问卷测试,形成了正式问卷,并从具体问项中归纳出六个因子。因子 1 为实践能力,因子 2 为团队合作能力,因子 3 为政治素养,因子 4 为情绪智力,因子 5 为自我管理,因子 6 为领导意识。

经因子分析后对问卷进行修正,得到新的问卷后,对其进行信度分析,获得六个维度的克朗巴哈阿尔法值系数(注:克朗巴哈系数在 0.9 以上,说明问卷信度非常好;0.8—0.9 说明问卷信度高;0.7—0.8 说明问卷信度可以接受;0.6—0.7 说明问卷信度勉强接受;0.6 以下说明问卷信度不太理想)。在修订后的问卷中,各维度的克朗巴哈阿尔法系数分别为:实践能力 0.919 7、团队合作能力 0.880 1、政治素养 0.890 0、情绪智力 0.765 3、自我管理 0.832 8、领导意识 0.850 9,总问卷信度为 0.946 7。各系数均高于 0.7,说明问卷信度令人满意,整体质量能够满足本次调查的要求。

问卷因素分析结果与预先假设及访谈内容分析所得的三个维度基本一致。结合问卷内容,对原预设维度进行了如下调整:将学习能力、人际关系与沟通能力整合命名为"实践能力";将团队合作能力与创新能力整合命名为"团队合作能力"。

根据上述实证研究,大学生领导力应划分为八个维度还是六个维度,哪种划分更为准确?通过大量文献研究,笔者认为,八个维度固然细致,但是数据分析得出的六个维度相对来说更加全面、综合、准确。当然,要明确哪种维度划分更优,还需后续相关实证研究的进一步探讨。因此,结合相关文献研究、访谈资料及数据分析结果,笔者最终将大学生领导力确定为六维模型,并根据各因子涉及的问项内容对拟合得到的因子进行如下命名。

因子 1:实践能力。该因子包含条目 40、41、42、43、44、24、27、28,主要涉及创新意识、策划能力、决策能力、理论知识应用能力等内容,因此将其命名为"实践能力"。在大学生领导力中,实践能力指的是在集体活动或团队任务过程中,个体不仅具备较强的创新意识和独立见解,还能将所学理论知识有效地应用于实践。与此同时,个体在活动策划中展现出高效的组织能力,其策划方案具有较高的可行性,能够获得团队成员的积极配合与支持。

因子 2:团队合作能力。该因子包括条目 29、30、31、32、33、37、16、22、29,涉及人际关系、团队合作意识、沟通能力、学习能力等方面。因此,将其命名为团队合作能力。在大学生领导力中,团队合作能力指的是个体不仅具备良好的品德和较强的学习能力,而且拥有稳定的人际关系网,具有较高的团队合作意识,善于与他人合作和沟通,在决策时倾向于集体协作,并将成功归功于团队的力量。

因子 3:政治素养。该因子涵盖条目 13、14、15、17、18,主要涉及政治信仰、观点和立场等内容,因此将其命名为"政治素养"。在大学生领导力中,政治素养指的是个体具备坚定的政治信仰、明确的政治立场和鲜明的政治观点,同时拥有高度的政治鉴别力和敏锐性,对国家大事保持高度关注。

因子 4:情绪智力。该因子涵盖条目 1、2、3、4、5、6,主要涉及情绪自控、自我认知以及对他人情感的感知等方面,因此将其命名为"情绪智力"。在大学生领导力的范畴中,情绪智力(亦称情商)指的是个体具备自我反省与倾听能力,能有效调控自身情绪,同时能够站在他人角度思考问题,并准确捕捉他人通过表情、语言等方式传递的情感信息,从而更好地完成团队任务。

因子 5:自我管理能力。该因子涵盖条目 45、46、47、48,主要涉及信息、资料和财务等方面的自我管理内容,因此将其命名为"自我管理能力"。在大学生领导力中,自我管理能力指的是个体能够对自身拥有的时间、金钱和信息等资源进行有效而科学的管理的能力。

因子6：领导意识。该因子涵盖条目7、8、9，主要涉及对担任领导和学生干部的意识，因此将其命名为"领导意识"。在大学生领导力中，领导意识指的是个体对担任学生干部具有强烈的愿望，并以服务同学为宗旨。

综上所述，本书通过系统的文献回顾、深入的访谈调研和严谨的数据分析，构建了一个涵盖六个维度的大学生领导力模型。该模型包括实践能力、团队合作能力、政治素养、情绪智力、自我管理能力和领导意识等关键要素，并通过具体条目对每个维度进行了详细定义和阐释。其中，实践能力侧重于创新精神和理论应用；团队合作能力强调人际互动和集体协作；政治素养体现坚定的政治立场和敏锐的政治洞察；情绪智力涉及自我情绪控制与同理心；自我管理能力聚焦于资源的高效利用；而领导意识则反映了服务同学和承担责任的强烈愿望。该多维度领导力模型为大学生领导力的培养与评估提供了坚实的理论基础和实践指导，有助于高等教育机构在人才培养过程中全面提升学生的领导素质，为社会输送具备综合领导能力的未来栋梁。

第二节　大学生领导力多维能力的影响因素

一、基本情况

形成正式问卷后，随即开展了大样本调研工作。2024 年 6

月,课题组共发放正式问卷 7 000 份,实际收回有效问卷 6 416 份,信度非常好,可采用此数据。被调查特征分布见表 3-2-1。

表 3-2-1　被调查者个体特征分布

个体变量特征	样本分布	频数	频率(%)
性别	男	2 727	42.50
	女	3 689	57.50
年级	大一	3 021	47.09
	大二	2 147	33.46
	大三	1 083	16.88
	大四	165	2.57
专业	理科	2 587	40.32
	工科	1 256	19.58
	文科	2 000	31.17
	艺术类	573	8.93
生源地	东部	3 570	55.64
	中部	1 726	26.90
	西部	1 000	15.59
	东北	120	1.87
是否担任学生干部与否	是	3 613	56.30
	否	2 803	43.70

个体变量特征	样本分布	频数	频率(%)
高校所属地	东部	5 015	78.16
	中部	1 100	17.14
	西部	298	4.64
	东北	3	0.05
民族	汉族	5 921	92.30
	少数民族	495	7.70

根据表 3-2-1 的数据,性别分布显示男大学生占 42.50%,女大学生占 57.5%,两者比例较为均衡。按年级划分,大一学生占 47.09%,大二占 33.46%,大三占 16.88%,而大四仅占 2.57%。在专业分布上,理科生占 40.32%,工科生占 19.58%,文科生占 31.17%,艺术类学生占 8.93%。按生源地来看,东部地区(包括北京、天津、河北、山东、江苏、上海、浙江、福建、台湾、广东、海南、香港、澳门)占 55.64%,中部(山西、河南、安徽、湖北、湖南、江西)占 26.90%,西部(陕西、四川、云南、贵州、广西、甘肃、青海、宁夏、西藏、新疆、内蒙古、重庆)占 15.59%,而东北(辽宁、吉林、黑龙江)仅占 1.87%。此外,从高校所属地看,由于东部地区高校数量较多,其比重也最大;从是否担任学生干部来看,两者比例基本持平,符合调查要求。

二、描述性统计分析

描述性统计用于描绘样本总体的基本情况。由于正式问卷采用正向计分法,均值越高意味着该维度下大学生的领导力水平越优秀。赋分标准如下:完全不符合＝1分,不怎么符合＝2分,基本符合＝3分,高度符合＝4分,完全符合＝5分。

表 3-2-2　大学生领导力各维度水平的描述性统计分析

维度	题目	平均分	总均值
实践能力	在团队活动中有创造性的想法	3.88	3.90
	很多人都认为您是个有创意的人	3.70	
	有创新意识	3.83	
	能执行自己有创意的想法	3.90	
	策划的活动方案基本能被采纳执行	3.89	
	会采用科学的方法来组织策划活动	3.99	
	对于您的决策或者意见,同学们很配合	3.84	
	善于把您所学的知识应用到实践中	4.16	
团队合作能力	拥有稳定的人际关系网	4.06	4.13
	事情的成功很多取决于集体的力量	4.19	
	自己是个很有团队意识的人	4.14	
	在处理事情的时候,喜欢跟别人合作	3.96	
	在做决定时,喜欢跟别人讨论	4.04	
	善于与人沟通	4.00	
	具备良好的品德	4.43	
	善于学习接受新事物	4.25	

续表

维度	题目	平均分	总均值
政治素养	具有鲜明的政治观点	4.36	4.19
	拥有坚定的政治立场	4.49	
	具有高度的政治鉴别力和敏锐性	4.05	
	经常关心国家大事	3.86	
情绪智力	善于自省	4.00	3.99
	能很好地控制自己的情绪	3.96	
	在公共场合很少或偶尔直接指出别人的错误	3.94	
	善于倾听	4.14	
	在某些社交场合,即使心中不高兴也能够泰然处之	3.89	
	能准确地判断他人的感受或情绪	4.02	
自我管理能力	善于整理资料	4.04	3.87
	善于理财	3.57	
	善于整合信息	4.00	
领导意识	认为作为一名学生干部很有意义	4.00	3.84
	很愿意成为一名学生干部	3.89	
	梦想当一位有影响力的领袖人物	3.63	
总平均分		4.00	

从表 3-2-2 的描述性统计分析结果来看,整体问卷的总平均分为 4.00 分,说明总体上大学生在领导力各维度上表现较好,但各维度之间仍存在明显差异,可以得出以下几点结论。

1. 政治素养(平均分 4.19)

该维度得分最高,尤其是在"拥有坚定的政治立场"(4.49)和"具有鲜明的政治观点"(4.36)等条目上得分较高,显示出大学生在政治信仰、立场和观点方面具有较强的认同感和敏锐度。但"经常关心国家大事"得分略低(3.86),提示在实际关注国家事务方面还有提升空间。

2. 团队合作能力(平均分 4.13)

该维度得分紧随政治素养之后,各条目均在 4 分以上,尤其是"具备良好的品德"(4.43)和"善于学习接受新事物"(4.25)的得分较高,反映出大学生普遍具备较强的人际交往和集体协作意识,认为团队的力量对成功至关重要。

3. 情绪智力(平均分 3.99)

各条目得分较为接近,最高为"善于倾听"(4.14),最低为"在公共场合很少或偶尔直接指出别人的错误"(3.94),整体表现较为均衡,表明大学生在自我情绪调控与同理心方面具备一定能力,但仍有进一步提高的空间。

4. 实践能力(平均分 3.90)

该维度中,"善于把您所学的知识应用到实践中"得分最高(4.16),而"很多人都认为您是个有创意的人"得分最低(3.70)。总体得分略低于团队合作和政治素养,表明在实际运用创新和理论知识时,大学生的自我认知与外界认可存在一定差距。

5. 自我管理能力(平均分 3.87)

该维度得分较低,其中"善于理财"仅得 3.57 分,显示出大学生在财务管理方面的不足,而"善于整理资料"(4.04)和"善于整合信息"(4)得分较为理想,整体而言,大学生在自我资源管理上表现一般,特别是在理财方面有待加强。

6. 领导意识(平均分 3.84)

得分最低,条目"梦想当一位有影响力的领袖人物"得分仅为3.63,这表明尽管大学生认为担任学生干部有意义(4.00)且愿意尝试(3.89),但在追求成为具有广泛影响力的领袖这一目标上表现得较为谨慎和低调。

综上所述,通过描述性统计分析显示,大学生整体领导力表现较好,总平均分为 4.00 分,但在各维度上存在差异。政治素养(4.19)和团队合作能力(4.13)表现最为突出,显示出大学生在政治信仰、立场及集体协作方面具有明显优势;情绪智力(3.99)表现较为均衡,表明其在自我情绪调控与同理心方面具备一定能力;而实践能力(3.90)和自我管理能力(3.87)相对较弱,尤其在创新应用和理财管理方面仍有提升空间;领导意识(3.84)得分最低,反映出大学生在追求更高层次领导目标时较为谨慎。整体来看,这些结果为高校在培养大学生领导力时提供了改进方向和实践指导。

三、个体特征与大学生领导力的相互关系

(一)独立样本 t 检验

独立样本 t 检验主要用于比较两个独立样本在某连续变量上的均值是否存在显著差异。分析时,首先需要进行莱文方差等同性检验:当显著性(p 值)小于 0.05 时,说明两组方差不相等,此时应采用"不假定等方差"行的结果;反之,当显著性(p 值)大于等于0.05 时,则表明两组方差相等,应采用"假定等方差"行的结果。随后,在平均值等同性的 t 检验中,当显著性(双尾)(p 值)小于 0.05

时,说明两组均值存在显著差异。基于此,本研究以性别、民族和学生干部经历作为分组变量,采用独立样本 t 检验探讨这些变量对领导力六个维度的影响程度。

从表 3-2-3 的独立样本 t 检验结果来看,不同性别在领导力六个维度上存在一定差异,主要结论如下。

1. 实践能力

男生的平均分为 3.947 6,女生为 3.899 8。t 检验显示(t=2.646,p=0.008),差值为 0.047 72,95% 置信区间为[0.012 36,0.083 08],表明男生在实践能力上得分显著高于女生。

2. 团队合作能力

男生平均分为 4.125 2,女生为 4.162 5。t 检验结果(t=−2.130,p=0.033)显示,女生在该维度得分显著高于男生,平均差值为−0.037 36(95% 置信区间为[−0.071 74,−0.002 98])。

3. 政治素养

男生平均分为 4.183 1,女生为 4.194 1。t 检验结果(t=−0.595,p=0.552)表明两者之间无显著差异,平均差值极小且置信区间包含零。

4. 情绪智力

男生的平均分为 3.963 6,女生为 3.964 9。两组之间的差异不显著(t=−0.080,p=0.936),说明情绪智力在性别上没有明显差异。

5. 自我管理能力

男生平均分为 3.888 2,女生为 3.884 7。t 检验(t=0.165,p=0.869)显示两者差异不显著,说明性别对自我管理能力无明显影响。

6. 领导意识

男生的平均分为 3.819 1,女生为 3.893 4。t 检验结果(t=−3.194,p=0.001)表明女生在领导意识上的得分显著高于男生,平均差值为−0.074 28(95% 置信区间为[−0.119 88,−0.028 69])。

表 3-2-3　性别差异对大学生领导力六维度的影响程度分析

维度	性别	个案	平均值	方差假定	莱文方差等同性检验		平均值等同性 t 检验					
					F	显著性	t	显著性（双尾）	平均值差值	\\ 差值 95% 置信区间	下限	上限
实践能力	男	2 727	3.947 6	假定等方差	13.957	0	2.646	0.008	0.047 72		0.012 36	0.083 08
	女	3 689	3.899 8	不假定等方差	—	—	2.622	0.009			0.012 04	0.083 41
团队合作能力	男	2 727	4.125 2	假定等方差	8.179	0.004	−2.130	0.033	−0.037 36		−0.071 74	−0.002 98
	女	3 686	4.162 5	不假定等方差	—	—	−2.109	0.035			−0.072 08	−0.002 63
政治素养	男	2 727	4.183 1	假定等方差	63.262	0	−0.595	0.552	−0.011 00		−0.047 23	0.025 24
	女	3 688	4.194 1	不假定等方差	—	—	−0.584	0.559			−0.047 93	0.025 93
情绪智力	男	2 727	3.963 6	假定等方差	10.341	0.001	−0.080	0.936	−0.001 37		−0.034 94	0.032 21
	女	3 689	3.964 9	不假定等方差	—	—	−0.079	0.937			−0.035 16	0.032 43
自我管理能力	男	2 727	3.888 2	假定等方差	10.923	0.001	0.165	0.869	0.003 45		−0.037 57	0.044 48
	女	3 689	3.884 7	不假定等方差	—	—	0.163	0.870			−0.037 99	0.044 9
领导意识	男	2 727	3.819 1	假定等方差	30.53	0	−3.194	0.001	−0.074 28		−0.119 88	−0.028 69
	女	3 689	3.893 4	不假定等方差	—	—	−3.159	0.002			−0.120 38	−0.028 19

综上所述,性别对实践能力、团队合作能力和领导意识存在显著影响:男生在实践能力上表现更优,而女生在团队合作能力和领导意识上得分较高;而在政治素养、情绪智力和自我管理能力这三个维度上,男女之间的差异则不显著。

从表 3-2-4 的民族差异分析结果来看,总体样本中汉族和少数民族在领导力六个维度上存在一定差异,具体结论如下:

1. 实践能力

汉族平均分(3.931 3)明显高于少数民族平均分(3.786 6)。t 检验结果显示 t=4.333,p<0.001,平均差值为 0.144 67,95％置信区间为[0.079 21, 0.210 12],表明汉族大学生在实践能力方面表现更优。

2. 团队合作能力

汉族的平均分为 4.155 2,而少数民族平均分为4.044 2。经 t 检验(t=3.420,p=0.001)确认,两者之间存在显著差异,汉族得分高出 0.111 03,95％置信区间为[0.047 38, 0.174 68]。

3. 政治素养

汉族的平均分为 4.199 1,少数民族为 4.073 7。t 检验结果(t=3.664,p<0.001)显示,汉族大学生在政治素养上也显著高于少数民族,平均差值为 0.125 33,95％置信区间为[0.058 27, 0.192 39]。

4. 情绪智力

汉族平均分为 3.967 3,少数民族平均分为 3.928 6。尽管汉族略高,但 t 检验(t=1.221,p=0.222)表明两组之间的差异不显著,95％置信区间为[−0.023 46, 0.100 92],说明情绪智力在民族间没有明显差异。

5. 自我管理能力

汉族的平均分为 3.900 4,相较于少数民族的 3.715 8 较高。t 检验(t=4.77,p<0.001)的结果表明,这一差异显著,平均差值为 0.184 59,95％置信区间为[0.108 72, 0.260 45]。

表 3-2-4　民族差异对大学生领导力六个维度的影响程度分析

维度	民族	个案数	平均值	方差假定	莱文方差等同性检验		平均值等同性 t 检验					差值 95% 置信区间	
					F	显著性	t	自由度	显著性（双尾）	平均值差值	标准误差差值	下限	上限
实践能力	汉族	5 921	3.931 3	假定等方差	0.551	0.458	4.333	6 414	0	0.144 67	0.033 39	0.079 21	0.210 12
	少数民族	495	3.786 6	不假定等方差	—	—	4.776	602.936	0	0.144 67	0.030 29	0.085 18	0.204 15
团队合作能力	汉族	5 918	4.155 2	假定等方差	19.940	0	3.420	6 411	0.001	0.111 03	0.032 47	0.047 38	0.174 68
	少数民族	495	4.044 2	不假定等方差	—	—	4.066	625.708	0	0.111 03	0.027 31	0.057 41	0.164 66
政治素养	汉族	5 920	4.199 1	假定等方差	19.624	0	3.664	6 413	0	0.125 33	0.034 21	0.058 27	0.192 39
	少数民族	495	4.073 7	不假定等方差	—	—	4.057	604.188	0	0.125 33	0.030 89	0.064 66	0.186 01
情绪智力	汉族	5 921	3.967 3	假定等方差	8.200	0.004	1.221	6 414	0.222	0.038 73	0.031 73	-0.023 46	0.100 92
	少数民族	495	3.928 6	不假定等方差	—	—	1.392	612.536	0.164	0.038 73	0.027 82	-0.015 91	0.093 36
自我管理能力	汉族	5 921	3.900 4	假定等方差	6.804	0.009	4.770	6 414	0	0.184 59	0.038 70	0.108 72	0.260 45
	少数民族	495	3.715 8	不假定等方差	—	—	5.355	607.996	0	0.184 59	0.034 47	0.116 89	0.252 29
领导意识	汉族	5 921	3.872 3	假定等方差	7.166	0.007	3.146	6 414	0.002	0.135 56	0.043 09	0.051 09	0.220 03
	少数民族	495	3.736 7	不假定等方差	—	—	2.921	565.476	0.004	0.135 56	0.046 41	0.044 4	0.226 72

6. 领导意识

在领导意识维度,汉族平均分为 3.872 3,少数民族平均分为 3.736 7。t 检验(t=3.146,p=0.002)结果显示,汉族得分显著高于少数民族,平均差值为 0.135 56,95％置信区间为[0.051 09，0.220 03]。

综上所述,除情绪智力维度外,汉族大学生在实践能力、团队合作能力、政治素养、自我管理能力和领导意识这五个维度上的得分均显著高于少数民族大学生。这表明在这些关键领导力维度上,存在一定的民族差异,而情绪智力方面则未发现显著差异。

从表 3-2-5 的分析结果来看,有无担任学生干部经历的学生在领导力六个维度上均表现出显著差异,具体结论如下:

1. 实践能力

担任学生干部的学生(平均分 3.975)在实践能力上得分显著高于未担任学生干部的学生(平均分 3.849 4)。t 检验显示 t=7.004,p<0.001,平均差值为 0.125 5(95％置信区间为[0.090 38,0.160 63])。

2. 团队合作能力

在团队合作能力维度中,学生干部组的平均分为 4.199 2,而非学生干部组为 4.078 9。t 检验结果(t=6.905,p<0.001)表明,两组之间存在显著差异,平均差值为 0.120 3(95％置信区间为[0.086 14,0.154 45])。

3. 政治素养

担任学生干部的学生在政治素养上的平均分为 4.227 8,明显高于未担任学生干部组的 4.139 9。t 检验显示 t=4.776,p<0.001,平均差值为 0.087 84(95％置信区间为[0.051 79,0.123 89])。

4. 情绪智力

两组在情绪智力维度上也存在显著差异,学生干部组的平均分为 4.003 3,高于未担任学生干部组的 3.914 1。t 检验结果为 t=5.236,p<0.001,平均差值为 0.089 18(95％置信区间为[0.055 79,0.122 57])。

表 3-2-5 学生干部经历对大学生领导力六维度的影响程度分析

维度	有无担任学生干部经历	个案数	平均值	方差假定	莱文方差等同性检验		平均值等同性 t 检验						差值 95% 置信区间	
					F	显著性	t	自由度	显著性（双尾）	平均值差值	标准误差差值	下限	上限
实践能力	有	3 613	3.975	假定等方差	8.987	0.003	7.004	6 414	0	0.125 5	0.017 92	0.090 38	0.160 63
	无	2 803	3.849 4	不限定等方差	—	—	6.977	5 934.863	0	0.125 5	0.017 99	0.090 24	0.160 77
团队合作能力	有	3 612	4.199 2	假定等方差	10.044	0.002	6.905	6 411	0	0.120 3	0.017 42	0.086 14	0.154 45
	无	2 801	4.078 9	不限定等方差	—	—	6.852	5 833.108	0	0.120 3	0.017 56	0.085 88	0.154 71
政治素养	有	3 612	4.227 8	假定等方差	31.246	0	4.776	6 413	0	0.087 84	0.018 39	0.051 79	0.123 89
	无	2 803	4.139 9	不限定等方差	—	—	4.728	5 772.617	0	0.087 84	0.018 58	0.051 42	0.124 26
情绪智力	有	3 613	4.003 3	假定等方差	20.421	0	5.236	6 414	0	0.089 18	0.017 03	0.055 79	0.122 57
	无	2 803	3.914 1	不限定等方差	—	—	5.199	5 851.972	0	0.089 18	0.017 15	0.055 55	0.122 81
自我管理能力	有	3 613	3.950 6	假定等方差	71.059	0	7.103	6 414	0	0.147 57	0.020 77	0.106 85	0.188 30
	无	2 803	3.803 1	不限定等方差	—	—	7.000	5 647.249	0	0.147 57	0.021 08	0.106 24	0.188 90
领导意识	有	3 613	3.992 8	假定等方差	172.798	0	13.098	6 414	0	0.299 86	0.022 89	0.254 98	0.344 74
	无	2 803	3.692 9	不限定等方差	—	—	12.798	5 405.167	0	0.299 86	0.023 43	0.253 92	0.345 79

5. 自我管理能力

在自我管理能力方面,学生干部组的平均分为 3.950 6,相较于非学生干部组的 3.803 1 更高。t 检验结果显示 t＝7.103,p＜0.001,平均差值为 0.147 57(95％置信区间为[0.106 85,0.188 30])。

6. 领导意识

领导意识维度的差异最为明显,学生干部组的平均分为 3.992 8,而非学生干部组仅为 3.692 9。t 检验结果显示 t＝13.098,p＜0.001,平均差值为 0.299 86(95％置信区间为[0.254 98,0.344 74])。

总体而言,担任学生干部的学生在所有六个领导力维度上均表现出显著更高的水平,尤其在领导意识上的差异最为显著。这表明学生干部经历对大学生领导力的提升具有积极影响,尤其在培养领导责任感和团队协作能力等方面作用明显。

(二)多因素方差分析

多因素方差分析(Factorial ANOVA)是一种统计方法,用于研究两个或两个以上自变量(因素)对一个因变量的影响,还可以分析自变量之间的交互效应。其核心功能是通过比较不同组间的变异来判断自变量是否对因变量有显著影响。

表 3-2-6 年级差异对大学生领导力六维度的影响程度分析

维度		平方和	自由度	均方	F	显著性
实践能力	组间	12.211	3	4.070	7.998	0
	组内	3 262.723	6 411	0.509	——	
	总计	3 274.934	6 414	——	——	

维度		平方和	自由度	均方	F	显著性
团队合作能力	组间	19.369	3	6.456	13.467	
	组内	3 072.261	6 408	0.479	—	0
	总计	3 091.631	6 411	—	—	
政治素养	组间	52.707	3	17.569	33.293	
	组内	3 382.636	6 410	0.528	—	0
	总计	3 435.343	6 413	—	—	
情绪智力	组间	6.490	3	2.163	4.715	
	组内	2 941.565	6 411	0.459	—	0.003
	总计	2 948.055	6 414	—	—	
自我管理能力	组间	18.546	3	6.182	9.039	
	组内	4 384.535	6 411	0.684	—	0
	总计	4 403.081	6 414	—	—	
领导意识	组间	31.845	3	10.615	12.564	
	组内	5 416.472	6 411	0.845	—	0
	总计	5 448.317	6 414	—	—	

从表 3-2-6 的方差分析结果来看,不同年级之间在领导力六个维度上均存在显著差异,具体分析如下。

1. 实践能力

组间均方为 4.070,组内均方为 0.509,F 值为7.998,显著性水平为 0($p<0.001$),表明不同年级间在实践能力上的差异具有统计显著性。

2. 团队合作能力

组间均方为 6.456,组内均方为 0.479,F 值为 13.467,显著性水平为 0($p<0.001$),说明不同年级学生在团队合作能力上存在显著差异。

3. 政治素养

组间均方为 17.569,组内均方为 0.528,F 值为 33.293,显著性水平为 0($p<0.001$),显示出各年级在政治素养方面的差异非常显著。

4. 情绪智力

组间均方为 2.163,组内均方为 0.459,F 值为4.715,显著性水平为 0.003,说明在情绪智力维度上,不同年级之间也存在显著差异,但程度略弱于其他维度。

5. 自我管理能力

组间均方为 6.182,组内均方为 0.684,F 值为 9.039,显著性水平为 0($p<0.001$),表明各年级在自我管理能力方面存在显著差异。

6. 领导意识

组间均方为 10.615,组内均方为 0.845,F 值为 12.564,显著性水平为 0($p<0.001$),显示不同年级学生在领导意识上的差异同样显著。

总体来看,年级因素对大学生领导力六个维度均具有显著影响,说明不同年级学生在领导力的表现上存在明显差异。这为进一步探讨不同年级学生领导力发展特点及相应培养策略提供了实证依据。

第三节　大学生领导力的六维能力的探讨

在前两节中,通过文献回顾、访谈调研和数据分析构建了大学生领导力的六维模型,并对其影响因素进行了初步探讨。本节将进一步深入分析大学生领导力六个维度的内涵、影响因素及其实践意义,以期为高校领导力培养提供坚实的理论依据和切实可行的实践指导。

一、大学生领导力六维能力的内涵

1. 实践能力

实践能力强调大学生在团队活动中展现的创新意识、策划能力以及将理论知识应用于实践的能力。研究表明,具备较强实践能力的学生能够将所学知识有效地运用到实际情境中,其策划的活动不仅具有较高的可行性,而且能获得团队成员的积极支持与配合。该维度的提出突显了理论与实践相结合的重要性,为高校在实践教学的改进与优化方面指明了明确方向。

2. 团队合作能力

团队合作能力涵盖了人际关系、团队意识与沟通能力等多个方面。研究表明,具备较强团队合作能力的学生通常拥有良好的人际关系网络,擅长与他人协作,并能将成功归功于集体努力而非个人贡献。该维度的提出,不仅反映了现代社会对团队协作能力的高度重视,也为高校在培养学生团队合作能力方面提供了坚实的理论依据和实践指导。

3. 政治素养

政治素养涵盖坚定的政治信仰、政治立场和政治敏锐性。研究表明,政治素养较高的学生通常更加关注国家大事,并展现出较强的政治鉴别能力。该维度的提出,不仅凸显了思想政治教育在大学生领导力培养中的核心地位,也为高校在政治素养教育中的改进与创新提供了重要的理论支持和实践参考。

4. 情绪智力

情绪智力涵盖情绪自控、自我反省和同理心。研究发现,情绪智力较高的学生能够很好地控制自己的情绪,善于倾听和理解他人。该维度的提出,不仅强调了情绪管理在领导力中的关键作用,也为高校在情绪智力培养方面提供了明确的方向和实践指导。

5. 自我管理能力

自我管理能力涉及时间、金钱、信息等资源的管理。研究表明,自我管理能力较强的学生能够高效规划和管理个人资源,从而显著提升工作效率。该维度的提出,不仅凸显了自我管理在领导力中的重要作用,也为高校在自我管理能力培养方面提供了坚实的理论依据和实践指导。

6. 领导意识

领导意识涉及学生担任学生干部、服务同学的意愿。研究发现,领导意识较强的学生更愿意担任学生干部,并具有较强的服务意识。这一维度的提出,强调了领导意识在大学生领导力培养中的重要性,为高校在领导力意识培养方面提供了依据。

二、大学生领导力多维能力的影响因素分析

1. 性别差异

研究发现,男性在实践能力上显著高于女性,而女性在团队合作能力和领导意识上显著高于男性。这表明,性别在领导力的不同维度上存在显著差异,高校在领导力培养中应关注性别差异,采

取针对性的培养策略。

2. 民族差异

汉族学生在实践能力、团队合作能力、政治素养、自我管理能力和领导意识上显著高于少数民族学生。这表明,民族背景对大学生领导力的多个维度有显著影响,高校应加强对少数民族学生的领导力培养,促进教育公平。

3. 学生干部经历

担任学生干部的学生在实践能力、团队合作能力、政治素养、情绪智力、自我管理能力和领导意识上均显著高于未担任学生干部的学生。这表明,学生干部经历对大学生领导力的提升具有显著作用,高校应鼓励学生积极参与学生干部工作,提供更多的实践机会。

4. 年级差异

不同年级的大学生在领导力的各个维度上存在显著差异。例如,三年级学生在团队合作能力、政治素养、情绪智力和领导意识上显著高于其他年级,而二年级学生在实践能力上显著低于其他年级。这表明,随着年级的增长,大学生的领导力水平有所提升,高校应根据不同年级的特点,制定有针对性的领导力培养计划。

三、大学生领导力多维模型的实践意义

本书构建的大学生领导力六维模型,不仅为高校领导力培养提供了系统的理论框架,同时也为大学生的自我发展和社会的人才需求提供了重要的实践指导。其意义主要体现在以下三个方面。

首先,为高校领导力培养提供了科学的理论依据。大学生领导力六维模型涵盖了实践能力、团队合作能力、政治素养、情绪智力、自我管理能力和领导意识六个关键维度,为高校领导力培养提供了全面且系统的理论支撑。基于模型,高校可以有针对性地设

计课程体系和实践活动。例如开设领导力理论课程、组织团队协作项目、开展政治素养教育以及提供情绪管理培训等,从而全面提升学生的领导力水平。此外,该模型还为高校领导力培养的效果评估提供了量化标准,帮助教育者及时调整培养策略,优化教育资源配置。

其次,为大学生自我发展提供了清晰的指导路径。大学生领导力六维模型为学生提供了一个多维度的自我评估工具。学生可以通过该模型对自身的领导力水平进行全面审视,明确自身在实践能力、团队合作能力、政治素养等各个维度的优势与不足。在此基础上,学生可以制定个性化的领导力发展计划,例如通过参与社会实践以提升实践能力、加入学生组织以锻炼团队合作能力、关注时事政治以增强政治素养等。这种自我导向的发展模式不仅有助于学生提升综合素质,还能增强其自我认知和职业规划能力,为未来的职业发展奠定坚实基础。

最后,为社会输送具备综合领导能力的高素质人才。随着社会的快速发展,对高素质领导人才的需求日益迫切。大学生领导力六维模型,可以帮助高校为社会输送具备创新意识、团队协作能力、政治敏锐性、情绪管理能力、自我管理能力和领导意识的综合型人才。这些人才不仅能够在复杂多变的社会环境中发挥领导作用,还能够在团队中有效协调资源、解决问题,推动组织和社会的发展。因此,该模型的实践应用不仅有助于提升高校人才培养的质量,还能更好地满足社会对领导型人才的多元化需求。

综上所述,大学生领导力六维模型在高校教育、学生个人发展以及社会人才供给方面具有重要的实践意义。它不仅为高校领导力培养提供了理论依据和实践方向,还为大学生的自我提升和社会的可持续发展提供了有力支持。

第四章
大学生领导力培养现状调查的研究设计与数据分析

  基于前期研究成果构建的六维分析框架,本章进一步开展了全国大学生领导力培养现状的实证调查。为全面剖析大学生领导力发展状况,并获取具有代表性的数据,本书采用问卷调查法进行实证研究。问卷覆盖了全国多所不同类型的高校,包括综合类、理工类、师范类等院校,调查对象涵盖不同年级、专业背景及有无学生干部经历的学生群体,共计发放问卷7 000份。经过严格的数据收集与整理流程,最终回收有效问卷6 416份,回收率为91.66%。为深入探讨影响大学生领导力培养的关键因素,本章基于上述问卷调查数据,构建了以学校教育、家庭教育、共青团组织和评价体系为核心的分析框架,系统解析大学生领导力培养的多维度影响因素。

第一节　调查目的与调查内容

一、调查目的

1. 从理论研究角度出发,探索适合中国大学生领导力培养的研究方法,结合中国传统文化、社会背景和教育体系,推动领导力理论的创新与发展。通过本土化研究,构建具有中国特色的大学生领导力理论体系,为全球领导力研究贡献中国智慧。同时,注重跨学科融合,借鉴心理学、管理学、教育学等多学科理论,丰富领导力研究的内涵与外延。

2. 从实证研究角度出发,通过大规模问卷调查、深度访谈、案例研究等多种方法,揭示中国大学生领导力的现状、特点与发展规律。结合定量与定性分析,深入探讨影响大学生领导力发展的关键因素,如个人特质、家庭背景、学校教育、社会环境等,并分析这些因素之间的相互作用机制。通过数据和案例的支撑,为领导力培养提供科学依据,并为不同地区、不同类型高校的学生提供差异化的培养建议。

3. 从教育研究角度出发,结合中国高等教育的实际情况,提出促进大学生领导力培养的有效对策。重点关注高校领导力教育课程体系的优化,探索理论与实践相结合的教学模式,设计符合学生需求的领导力培养路径。同时,研究如何通过课外实践活动、社团组织、社会实践等途径提升学生的领导力素养。此外,针对师资队伍建设,提出提升教师领导力教育能力的策略,为高校培养一支专业化、高水平的领导力教育师资队伍提供支持。

二、调查内容

在确定调查内容之前,首先采用专家访谈法,并结合扎根理论对高校大学生领导力培养的质性数据进行系统分析,以探索具有理论解释力的模型。表4-1-1的数据结果来自100份专家访谈记录。其中专家有高校校长、院系主任、学生事务负责人、教育学教授、管理学专家、领导力研究专家,以及企业高层管理人员等。通过深度访谈、焦点小组讨论和文献分析等方式,收集了大量关于大学生领导力培养的一手与二手数据。随后,采用开放式编码、主轴编码和选择性编码的三级编码流程,对数据逐层进行分析和归纳,最终提炼出影响大学生领导力培养的核心范畴及其相互关系。具体见表4-1-1。

表4-1-1　访谈问卷的分析结果

类　　别	具　体　内　容
大学生领导力的核心能力	战略与决策能力(战略规划、决策能力、问题解决) 沟通与团队协作能力(有效沟通、组织协调、团队管理) 执行与管理能力(任务分配、资源整合、执行力、自我管理) 创新与应变能力(创新思维、变革管理、危机应对) 个人影响力与责任意识(感召力、激励能力、社会责任感、地方服务意识)
大学生领导力培养的实践路径	课程体系构建(学习领导力课程、地方治理与领导力课程) 实践与社会参与(社团管理、企业实习、社会实践) 导师与校企合作(导师制度、企业联合培养) 竞赛与国际交流(模拟联合国、领导力训练营、跨学科竞赛、国际交流)

类　　别	具　体　内　容
大学生领导力培养的关键挑战	顶层设计不足(高校缺乏系统性规划,资源分配不均) 实践机会受限(优质实习和社会实践资源有限) 师资力量不足(缺乏兼具理论与实践经验的教师) 学生参与度不高(受学业压力、知识焦虑影响,兴趣不足) 评估体系缺乏(领导力培养难以量化,缺乏科学的评估体系)
大学生领导力培养路径的优化建议	系统化课程设置(结合学科特色,构建层次分明的领导力课程) 拓展实践机会(加强校企合作,提供真实领导力锻炼场景) 师资队伍建设(引进有实践经验的教师,提升培养质量) 提高学生参与度(优化激励机制,提高学生对领导力培养的兴趣) 建立科学评估体系(设计领导力测评工具,量化评估培养效果)

表4-1-1基于扎根理论的分析,系统呈现了大学生领导力培养的核心能力、实践路径、关键挑战及优化策略。首先,大学生领导力的培养需要构建多维度的能力体系,不仅包括战略规划、沟通协调和执行管理等个人核心能力,还应注重团队协作能力和社会责任意识的培养。其次,理论与实践的有机结合是提升领导力的关键保障,课程体系的设计与实践活动安排应相互补充、协同推进。最后,当前大学生领导力培养面临诸多系统性挑战,如顶层设计不完善、实践机会有限、师资力量不足以及评估体系不健全等问题,亟须通过系统化的优化措施加以解决。基于上述分析,在问卷设计过程中,重点围绕课程体系构建、实践与社会参与、导师与校企合作、师资力量以及评估体系等核心维度展开。这些维度不仅涵盖了大学生领导力培养的关键环节,也为全面了解当前高校领导力教育现状提供了系统性框架。具体问卷设计内容详见表4-1-2。

表 4-1-2　大学生领导力培养现状调查的内容设计

研究维度	研究问题设计	主要内容
家庭背景影响	家庭背景对领导力形成的影响程度	家庭背景影响感知
家庭培养意识	父母是否有意识培养子女领导力	父母培养意识
家庭结构影响	兄弟姐妹数量对领导力发展的影响	家庭规模与领导力关系
家庭参与度	父母是否鼓励子女参与家庭决策	家庭决策参与度
学生干部能力	所在学校学生干部的领导力水平	学生干部领导力水平
课程设置	学校是否开设领导力相关课程	领导力课程设置
组织资源	学校是否设置精英培训班等组织	精英培养组织资源
共青团素质拓展	共青团素质拓展工作中是否包含领导力培养内容	共青团与领导力结合
共青团实践活动	共青团学生干部培养中是否开展领导力实践活动	实践型领导力培养
团员教育	团员先进性教育中是否融入领导力培养	团员教育与领导力融合
评价体系	学生素质评价是否纳入领导力指标	领导力评价指标化
教师教学方式	教师教学中是否注重培养领导力	教师教学导向
班级活动	班级是否组织领导力培养活动	班级活动设计
学习资源	学校是否举行领导力相关讲座或工作坊	领导力学习资源供给

研究维度	研究问题设计	主要内容
学生参与度	学生是否参加过学校组织的领导力培训项目	学生参与培训情况
校园文化影响	校园文化(社团、竞赛等)对领导力发展的作用	校园文化与领导力关联
实践机会	学校是否提供跨学科或跨学院领导力实践机会	跨领域实践机会
教师能力	学校教师是否具备指导领导力的知识与经验	教师领导力指导能力
校企合作	学校是否与企业或社会组织合作开展领导力培养项目	校企合作培养模式

　　由表 4-1-2 可知,家庭与学校在领导力培养中分别扮演着"土壤"与"园丁"的角色。二者通过资源输入、过程干预与反馈调节,构建了一个动态的培养链条。显性制度与隐性文化的协同作用,以及主客观评价的互补机制,为解决当前领导力教育中"重知识轻实践"和"重形式轻体验"的困境提供了系统性思路。基于此,问卷设计充分考虑了家庭和学校对大学生领导力发展的主要影响,力求全面反映两者在领导力培养中的重要作用。

　　家庭作为个体社会化的"第一课堂",构成了大学生领导力社会化初期的隐形场域。因此,问卷设计中特别增加了家庭背景特征,如经济水平、文化资本和家庭成员结构等维度。研究表明,高学历或高收入家庭能够通过资源倾斜(如支持子女参与课外培训和国际交流),为其积累所需的认知资本和社交资本,从而显著促进其领导力的培养。例如,父母若具备管理经验,其子女更容易通过观察和模仿习得决策与沟通技巧。与此同时,作为制度化的教育主体,学校通过其系统化的教育体系,包括课程设置、活动组织和评价机制等,显性地塑造了大学生的领导力。具体而言,学校通过制度化的课程资源供给、场景化的实践平台赋能以及导向性的评价体系,为学生提供了全方位的领导力培养支持。

三、结果分析的基本原则

在大学生领导力的结果分析中,研究主要依据调查问卷中设置的学校层面、家庭层面和自我评价三个维度,系统分析大学生领导力的培养现状。在数据分析过程中,主要遵循以下原则。

1. 频率分析的"根据"原则

具体而言,研究根据每个维度设定的相关选项开展频率分析,重点考察大学生对各项问题的态度分布及反应程度,以揭示不同群体在领导力认知和实践上的差异。

2. 交叉比较的分析原则

大学生的领导力是在个体与环境的动态互动中逐步形成的。因此,研究其现状必须从多维度视角进行比较分析,以提升研究结论的科学性和可信度。基于此,本研究根据问卷中设置的基本信息选项,如性别、生源地、家庭背景、学习成绩、高校所在地等,进行交叉分析。一方面,旨在探讨这些基本条件与大学生领导力之间的相关性;另一方面,分析不同特征或不同成长环境对大学生领导力发展的差异性影响。由于篇幅所限,在交叉分析中,仅对具有显著相关性的变量进行列表说明,而对无明显相关性的变量则不再赘述。

3. 可靠性与代表性原则

一方面,为确保数据来源的真实性和可靠性,调查对象限定为实际接触过教师的学生、家长或教育专家,并采用统一标准的调查方式,如匿名问卷或结构化访谈,以最大限度地减少主观偏差。同时,在数据处理过程中,通过数据去重、误差控制和信度检验等严谨方法,进一步提升数据的准确性和科学性。另一方面,在样本选择上,采用随机抽样或分层抽样方法,确保不同年级、性别和专业背景的群体均衡分布,避免样本过度集中于特定群体,从而提高研究的代表性和普适性。此外,通过对比历史数据或其他学校的调查结果,进一步验证数据的合理性,确保研究结论具备广泛的适用性。综合以上措施,本研究能够确保数据的真实性和科学性,从而准确反映学校教育在领导力、知识水平和教学经验等方面的实际情况。

第二节　学校教育对个体领导力
发展的影响研究

学校教育作为个体社会化的重要场域,在领导力培养过程中发挥着不可替代的作用。领导力的形成是一个多维建构过程,涵盖认知能力、情感智能、社会技能和实践经验的协同发展。学校教育通过系统化的知识传授、能力培养和实践锻炼,为学生提供了全面发展的平台,为其未来成为高效领导者奠定坚实基础。

一、理论假设

1. 通过系统的知识与技能培养可以提升个体的决策能力和领导素质

学校教育通过系统的知识传授与技能培养,帮助学生养成独立的决策能力和形成科学的思维方式,从而为其未来成为高效领导者奠定坚实基础。在积累学术知识与专业技能的过程中,学生通过课堂学习、课外活动以及团队合作等多种形式,逐步提升分析问题和解决问题的能力。扎实的知识背景和技能水平不仅能够增强个体的自信心,还赋予其在复杂情境中做出理性决策的能力,为其在未来的领导实践中提供坚实的理论支持和实践保障。

世界著名教育心理学家霍华德·加德纳(Howard Gardner)指出,领导力的核心在于能够整合多元智能,将知识与实践相结合,以便在复杂情境中做出明智的决策。他强调,领导者不仅需要掌握丰富的专业知识,还必须在实践中灵活应对,做出精准决策。此外,领导力不仅依赖于管理技巧,更取决于决策的准确性与思维的深度。学校教育通过培养批判性思维、创新思维和逻辑推理能力,为学生提供必要的决策工具,从而支持其未来担任领导角色。[①]正如美国心理学家丹尼尔·戈尔曼(Daniel Goleman)所言,情商与认知能力的结合是领导力的关键,而学校教育正是培养这种综合能力的重要途径。通过系统的教育,学生能够在情感与理性之间找到平衡,为未来的领导角色积累不可或缺的素质和能力。[②]

2. 通过组织团队合作和社交活动有助于培养学生的团队领导能力

学校教育通过组织小组合作、集体任务及课外活动,为学生提供了丰富的团队协作机会,从而有效促进团队领导能力的培养。团队合作是领导力发展的核心要素之一。在参与集体活动的过程

---

① ［美］霍华德·加德纳著.沈致隆译.智能的结构[M].北京:中国人民大学出版社,2008:19.

② ［美］戈尔曼著.杨春晓译.情商:为什么情商比智商更重要[M].北京:中信出版社,2010:35.

中，学生不仅能学会如何与他人协作、协调团队成员关系，还能够有效应对团队中可能出现的各种挑战。这些实践经历不仅锻炼了学生的团队领导能力，还为其积累了宝贵的团队协作和管理经验，为其未来在复杂环境中担任领导角色奠定了坚实基础。

管理学家彼得·圣吉（Peter M. Senge）在《第五项修炼》中指出，团队学习是组织发展的基础，学校是培养能力的起点。[①] 彼得·圣吉的观点深刻揭示了团队合作能力在个人与组织发展中的关键作用。学校作为培养团队学习与合作能力的起点，借助多样化的实践活动和系统化的课程设计，为学生搭建了宝贵的学习与实践平台。此类平台不仅能帮助学生掌握团队协作的技能，还能培养他们的沟通能力、问题解决能力以及团队管理能力，从而为其未来在组织和社会中发挥领导作用提供重要支持。

3. 通过多元文化教育的熏陶可以培养学生的包容性领导能力

学校教育通过多元文化的学习与实践，帮助学生深入理解不同文化背景，培养包容性思维和全球视野，从而推动领导力的全面发展。随着全球化进程的不断加速，跨文化沟通与协调能力已成为现代领导者的关键素养。为应对这一趋势，学校通过设置多元文化课程、开展国际交流项目以及组织跨文化实践活动，为学生提供多元化的文化接触机会，使其在多元文化环境中学会尊重差异、理解多样性，并逐步形成全球视野与包容性思维。跨文化研究奠基人吉尔特·霍夫斯泰德（Geert Hofstede）在其文化维度理论中指出，文化差异深刻影响个体行为与组织管理，而包容性领导力则是全球化时代领导者成功的关键能力。[②] 作为文化认知与能力培

---

① ［美］彼得·圣吉著.张成林译.第五项修炼[M].北京：东方出版社,2002：66.

② ［荷］吉尔特·霍夫斯泰德等著.张炜,王烁译.文化与组织[M].北京：电子工业出版社,2019：15.

养的起点,学校教育在塑造学生跨文化能力与领导力方面发挥着不可替代的作用。

　　包容性领导力不仅能够激发团队成员多方面的潜能,还可以整合不同文化背景成员的独特价值,从而推动团队的创新能力并提升协作效率。通过系统化的培养,学校帮助学生提升跨文化沟通能力,使其能够在未来的领导实践中更有效地应对多元文化团队的复杂性,为成为具有全球视野的卓越领导者奠定坚实基础。

　　多元文化教育理论的倡导者詹姆斯·库泽斯(James Kouzes)等指出,多元文化教育不仅可以增强学生的文化敏感性和社会责任感,还为他们在全球化环境中实现有效领导提供了理论支持和实践指导。① 同时,社会学习理论创始人阿尔伯特·班杜拉(Albert Bandura)也认为,个体通过观察、模仿与实践,能够在多元文化互动中逐渐发展出适应全球化需求的领导能力,而学校教育正是这种社会化过程的重要载体。②

　　由上可见,学校教育通过系统的知识传授和技能培养、团队协作活动以及多元文化教育,帮助学生全面提升领导素质。通过知识的积累与实践的结合,学生能形成科学的思维方式、理性的决策能力和批判性的思考习惯;在团队合作中,他们掌握了管理技巧与协作能力,锻炼了领导团队的综合素质;在多元文化的熏陶下,学生逐步发展出包容性思维和全球视野,能够整合多样化的资源与价值,为未来的领导角色做好充分准备。教育学理论与社会学习

———————

　　① ［美］詹姆斯·库泽斯,巴里·波斯纳著.李丽林,杨振东译.领导力的挑战[M].北京:电子工业出版社,2004:82.
　　② ［美］阿尔伯特·班杜拉著.陈欣银,李伯黍译.社会学习理论[M].北京:中国人民大学出版社,2015:28.

理论表明,学校不仅是知识与技能的传授场所,也是领导力发展的起点与重要载体。

二、调查分析

表 4-2-1　大学生参与学校领导力培训项目的结果统计

	15. 您是否参加过学校组织的领导力培训项目或活动?		
	是	否	合计
人数	3 598	2 818	6 416
比例	56.08%	43.92%	100.00%

从表 4-2-1 的数据中可以看出,在 6 416 名受访者中,有 3 598 人参与过相关项目或活动,占总数的 56.08%;另有 2 818 人未曾参与,占 43.92%。这组数据不仅说明了学校领导力培养实践的覆盖程度,还揭示出其中可能存在的不足和改进空间,同时为后续研究提供了有力的实证依据。

超过一半的学生参与了学校的领导力培训项目,表明学校在领导力教育实践上已有一定基础。然而,43.92%的学生未能参与这些项目,这一较高的未参与率揭示了潜在的改进空间,值得深入探讨。可能的原因包括项目宣传力度不够,导致部分学生对相关活动知之甚少;项目内容未能完全贴合学生需求或兴趣,从而影响参与意愿;学业压力或其他课外活动的时间冲突限制了学生的参与机会;以及部分学生对领导力培养的重视程度不足,对其价值认识不清。这些问题共同影响了项目的覆盖面,也为学校在宣传、内容设计以及学生动员方面的改进提供了具体方向。

表 4-2-2　校园文化对大学生领导力发展影响的认知调查结果

	16. 您认为学校的校园文化(如社团活动、竞赛等)对您的领导力发展有多大帮助?					
	帮助很大	有一定帮助	一般	帮助较小	几乎没有帮助	合计
人数	1 356	2 215	1 567	769	509	6 416
比例	21.13%	34.52%	24.42%	11.99%	7.93%	100.00%

表 4-2-2 的数据显示,尽管 55.65% 的受访者认为校园文化对其领导力发展有显著帮助,但仍有 36.41% 的学生表示其作用较小或一般。这种差异可能与学生参与的深度和广度、活动类型的多样性以及活动设计的针对性密切相关。尤其是一些学生对现有活动的实际收益持保留态度,表明校园文化活动在提升学生领导力方面还有进一步优化的空间。为提高影响力,校园文化建设需要更加贴近学生的兴趣和需求,从而实现更广泛且深入的领导力培养效果。

表 4-2-3　学校开设"领导力"相关课程情况的调查结果

	4. 您所在的学校是否开设了与"领导力"相关的课程?			
	是	否	可能有,但我不确定	合计
人数	2 092	931	3 393	6 416
比例	32.60%	14.51%	52.89%	100.00%

表 4-2-3 的数据显示,高校在领导力课程建设方面存在显著的不均衡现象,同时信息传递效率也存在不足。尽管 32.6% 的受

访者明确表示所在院校开设了领导力相关课程,但52.89％的受访者对课程信息表示不确定或完全不知晓。这一现象揭示了高校在推动领导力教育时面临的两个主要问题:一是课程覆盖范围需要进一步拓展,二是课程信息的传播效果有待提高。从教育传播学的角度分析,这种信息不对称可能源于宣传渠道的单一或局限,以及信息传播机制的不足,导致课程资源难以有效触达目标群体。

表 4-2-4　学校与企业或社会组织合作开展
领导力培养项目情况的调查结果

	19. 您所在的学校是否与企业或社会组织合作开展领导力培养项目?			
	是	否	不清楚	合计
人数	871	1 456	4 089	6 416
比例	13.58％	22.69％	63.73％	100.00％

从表 4-2-4 的数据可以看出,高校在校企合作培养领导力方面还有显著提升空间。尽管已有 13.58％的受访者确认所在院校开展了校企合作领导力培养项目,但这一比例仍显著低于高等教育领域推动产教融合的预期水平。此外,63.73％的受访者对相关项目表示不清楚或不了解,表明高校在信息传播上仍然存在明显的"信息孤岛"效应。根据社会资本理论,高校与企业及社会组织间的合作关系不仅是培养学生领导力的关键资源,还能通过拓展网络连接、提升信息共享效率,为学生领导力发展提供更加多元化和实际的支持。

**表4-2-5　学校教师是否具备足够的领导力知识和
经验来指导学生的调查结果**

	18. 您认为学校的教师是否具备足够的领导力知识和经验来指导学生?					
	非常具备	比较具备	一般	不太具备	完全不具备	合计
人数	898	2 456	2 123	823	116	6 416
比例	14.00%	38.28%	33.09%	12.83%	1.81%	100.00%

从表4-2-5的数据可以看出,高校教师在领导力教育领域的专业素养水平不尽相同。52.28%的受访者认为教师"比较具备"和"非常具备"相关知识和经验,这表明大多数教师具有一定的领导力和教育能力,并能在教学实践中发挥作用。然而,45.92%的受访者认为教师的领导力素养"一般"和"不太具备",反映出教师在理论深度和实践指导方面仍有较大的提升空间。尽管只有1.81%的受访者完全否定教师的领导力素养,这一少数现象仍然值得重视,可能源于个别教师在知识更新、教学方法创新以及教学经验丰富度上的不足。教师作为学生领导力发展的重要榜样,其自身素养的提升对学生领导力的培养起着关键的示范作用。

三、比较研究

1. 分析不同性别大学生对学校开设领导力课程效果的认知差异

表4-2-6显示,性别与学校是否开设领导力课程的认知之间没有显著差异。尽管在选择"可能有,但我不确定"这一选项的比例上,男性(53.36%)和女性(52.53%)接近,但从卡方检验结果($X^2 = 3.86$,p=0.145)来看,这一差异不足以表明性别对认知有显著影响。

表 4-2-6　不同性别大学生对学校开设领导力
课程情况认知的比较分析

		4. 您所在的学校是否开设了与"领导力"相关的课程?			总　计
		是	否	可能有,但我不确定	
男	人数	857	415	1 455	2 727
	比例	31.43%	15.22%	53.36%	100.00%
女	人数	1 235	516	1 938	3 689
	比例	33.48%	13.99%	52.53%	100.00%
合计	人数	2 092	931	3 393	6 416
	比例	32.61%	14.51%	52.88%	100.00%

$X^2 = 3.86$　$p = 0.145$

总体来看,半数以上的受访者对学校是否开设领导力课程持不确定态度,这说明学校在课程的宣传和信息透明度上仍有较大的提升空间。无论是男性还是女性,明确表示"是"或"否"开设课程的比例相对较低,这反映出学生对领导力课程的认知模糊不清。

因此,为了提高学生对领导力课程的认知度和参与意愿,学校需要进一步优化课程宣传策略,增进信息透明度,确保学生更容易了解课程内容及其潜在益处。

2. 不同民族大学生对学校开设领导力课程认知差异的分析

根据表 4-2-7 的数据分析,民族背景确实对学校是否开设领导力课程的认知产生了显著影响。整体而言,大多数受访者对学校领导力课程的开设情况表示不确定(52.88%选择"可能有,但我不确定")。但具体到汉族与少数民族的对比,汉族受访者更倾向于明确认为学校有开设相关课程(33.29%),而少数民族的选择比例仅为24.44%。此外,认为学校没有开设课程的汉族受访者比例也高于少数民族。与之形成对比的是,少数民族受访者更常选择"可能有,但我不确定"(65.66%),远高于汉族的51.82%。

表 4-2-7　不同民族大学生对学校是否开设与"领导力"
相关课程的认知比较分析

| | | 4. 您所在的学校是否开设了与"领导力"相关的课程? | | | 总　计 |
		是	否	可能有,但我不确定	
汉族	人数	1 971	882	3 068	5 921
	比例	33.29%	14.90%	51.82%	100.00%
少数民族	人数	121	49	325	495
	比例	24.44%	9.90%	65.66%	100.00%
合计	人数	2 092	931	3 393	6 416
	比例	32.61%	14.51%	52.88%	100.00%
$X^2=35.367$　$p=0$					

卡方检验结果($X^2=35.367$,$p=0$)表明民族背景与这一认知之间的关系达到显著性水平。这种差异可能反映了少数民族学生在信息获取和课程参与方面面临的实际挑战,可能包括宣传覆盖不足、文化背景差异以及参与渠道的局限性。

因此,为缩小这种认知差距,学校在推广领导力课程时需要更加注重少数民族学生的需求和实际情况,通过拓宽信息传播渠道、增强课程透明度,以及提供更多针对性的支持,确保所有学生能够公平获取相关教育资源。这不仅有助于提升少数民族学生对领导力课程的认知,也有助于更广泛地推动学校领导力教育的发展。

3. 不同性别大学生对学校是否设置精英培训班的认知比较分析

表 4-2-8　不同性别大学生对学校是否设有精英培训班或类似组织的认知比较分析

		5. 您所在的学校是否设有精英培训班或类似组织?			总　计
		是	否	可能有,但我不确定	
男	人数	1 041	337	1 349	2 727
	比例	38.17%	12.36%	49.47%	100.00%
女	人数	1 259	507	1 923	3 689
	比例	34.13%	13.74%	52.13%	100.00%
合计	人数	2 300	844	3 272	6 416
	比例	35.85%	13.15%	51.00%	100.00%
$X^2=11.621$　$p=0.003$					

表 4-2-8 的数据显示,性别确实对学校是否设置精英培训班的认知产生了显著影响。整体来看,超过半数的受访者对这一问题感到不确定(51.00% 选择"可能有,但我不确定")。此外,认为有设置的比例为 35.85%,而选择没有设置的比例则相对较低,仅

为 13.15%。进一步观察性别差异,男性中选择"是"设置的比例(38.17%)高于女性(34.13%),同时在选择"否"设置上的比例略低于女性。而在感到不确定的受访者中,女性的比例(52.13%)高于男性(49.47%)。

卡方检验结果(X^2=11.621,p=0.003)表明,这种差异具有统计显著性。男性受访者更倾向于认为学校设置了精英培训班,这可能反映出男性对相关课程的关注度较高或参与度较强。相比之下,女性更倾向于选择不确定的答案,可能是由于在信息获取渠道、宣传覆盖以及课程参与意愿等方面的差异。

为减少这一性别认知差异,学校需要加强精英培训班的宣传,确保相关信息对所有学生的透明度和可及性。同时,学校可以采取多样化的宣传方式和活动形式,以吸引更多女性学生的关注与参与,从而促进精英培训班的性别平衡。

4. 不同民族大学生对学校是否设有精英培训班认知的比较分析

表 4-2-9　不同民族大学生对学校是否设有精英培训班或类似组织认知的比较分析

| | | 5. 您所在的学校是否设有精英培训班或类似组织? | | | 总　计 |
		是	否	可能有,但我不确定	
汉族	人数	2 095	785	3 041	5 921
	比例	35.38%	13.26%	51.36%	100.00%
少数民族	人数	205	59	231	495
	比例	41.41%	11.92%	46.67%	100.00%

| | | 5. 您所在的学校是否设有精英培训班或类似组织? | | | 总　计 |
		是	否	可能有,但我不确定	
合计	人数	2 300	844	3 272	6 416
	比例	35.85%	13.15%	51.00%	100.00%
		$X^2=7.231$　p=0.027			

　　根据表4-2-9的数据,虽然超过半数的受访者(51.00%)对精英培训班是否存在持模糊态度,但不同民族之间的认知存在显著差异。具体来看,汉族受访者中有35.38%确认存在精英培训班,13.26%表示不存在,而51.36%则表示不确定;相比之下,少数民族受访者中确认存在的比例较高(41.41%),认为不存在的比例较低(11.92%),而表示不确定的比例为46.67%。卡方检验结果($X^2=7.231$,p=0.027)表明这种差异具有统计学意义。这一现象可能反映了不同民族在教育资源获取、信息接触渠道及认知方式上的差异。因此,政策制定者和教育管理者应进一步探究潜在原因,并采取针对性措施,以优化精英培训班的公平性和普及性。

第三节　家庭教育对个体领导力发展的影响研究

　　领导力培养作为多维建构过程,涵盖心理特质、情感智能、认知发展和社会能力的协同演进。其中,家庭教育作为首要社会化场域,对个体发展具有奠基作用。家庭作为初始社会化机构,承担着情感调控、行为范式塑造、价值体系建构及社会能力培养的多重功能。家长通过教养实践(包括身教示范、情感互动和行为建模),显著形塑子女的自我概念建构、情绪调节机制、责任意识发展及社会互动效能,这些恰构成领导力发展的核心要素。

一、理论假设

家庭教育具有双重社会化属性。它既是初级社会化机制,也是领导力培育的关键孵化场域。家庭教育通过情感联接、价值传导、认知建构与社交赋能四维作用机制,形塑个体领导力的生成路径与发展潜能。父母的教养策略矩阵作为关键预测因子,通过社会学习理论框架持续作用于子代领导力发展轨迹。家庭教育对领导力培养具有两重作用机制。

1. 心理资本培育机制

家庭作为初级社会化场域,为个体心理资本培育提供基础平台。早期成长阶段,家庭情感支持系统显著形塑个体的自我概念建构、情绪调节机制与社会适应效能。父母作为主要教养者,通过语言编码、行为建模与示范效应三维度,持续作用于子代情感图式与心理特质的形成。

首先,情感支持是建立个体自信与自尊的基础。研究表明,家庭中获得的积极情感反馈(如父母的鼓励、肯定和支持)能有效提升孩子的自我价值感。该特质作为心理资本的核心维度,为领导力发展提供心理势能储备。自信的孩子在面对挑战和困难时不易退缩,反而更倾向于主动承担责任并勇于决策。在领导过程中,自信有助于个体坚定引领团队,克服外部挑战和压力。

其次,家庭情感支持亦能促进孩子心理韧性的培养。心理韧性指个体在逆境中保持功能弹性并实现适应性重构的动态能力。

教养实践中，父母通过"情感脚手架"策略，系统提升子女的挫折认知重构能力。心理韧性强的人在复杂情况下更容易保持情绪稳定。具备较高心理韧性的孩子通常能在复杂社会情境中保持冷静，不轻易放弃。这种心理素质对领导力发展至关重要，因为领导者常在压力、变革或冲突中需保持稳定并作出理智决策。此外，父母在家庭环境中提供的情感支持还能帮助孩子发展情感调节能力。情感调节指个体在紧张、愤怒或焦虑等负面情绪情况下管理和控制自身情绪的能力。父母通过理解、倾听和支持，帮助孩子学会合理表达和控制情绪。具备较强情感调节能力的孩子通常在人际互动中更自如，在团队协作和领导角色中能更好地处理复杂人际关系，维持团队氛围的和谐与稳定。家庭教育中的情感支持与责任感的形成密切相关。父母在孩子成长过程中提供的关怀与支持，不仅满足基本需求，还包括心理和情感上的陪伴与引导。这种支持使孩子感受到家庭责任，并逐步培养对家庭、社会及他人的责任意识。这种责任感是领导力的重要组成部分，因为领导者需认识到自身责任，并为团队目标及成员发展提供指导与支持。

最后，情感支持的另一大作用是帮助孩子在家庭中树立社会关系的基本概念。通过家庭教育，父母教会孩子如何与他人互动、如何关心他人感受并提供支持。这不仅有助于孩子适应社会，也为其未来成为有效领导者奠定基础。领导力不仅体现个人能力，还关乎如何影响和管理团队成员的情感与关系。父母通过示范和指导帮助孩子学会处理复杂人际互动和激励他人，从而对其未来承担的领导责任及影响力塑造产生深远影响。

综上所述，家庭情感支持与心理发展功能在个体领导力培养中发挥了基础作用。获得情感支持的孩子通常能培养出强大的自信、责任感、情感调节能力和人际交往能力，为未来担任领导角色提供坚实心理基础。在家庭教育中,父母的积极支持、情感交流与心理引导为孩子领导力发展奠定了坚实的心理根基。

2. 伦理领导力形塑机制

家庭教育不仅为孩子提供情感支持与心理发展支持,还在塑造其行为规范与道德价值观方面发挥关键作用。作为孩子成长的首要社会化场所,家庭不仅是知识学习之地,更是学习人际互动和情感理解的关键环境。父母的言传身教、家庭互动模式与情感交流方式直接影响孩子的社交能力、情绪管理能力及人际关系维持能力。这些能力对未来社会生活及领导力发展具有决定性意义。

首先,社交技能指个体在交往中有效表达自我、理解他人并建立和谐关系的能力。在家庭中,父母通过日常沟通与互动为孩子提供了一个自然的社交学习场所。孩子在与父母、兄弟姐妹及其他家庭成员的互动中,逐步学会交往、处理冲突及在不同情境中调整行为。家庭互动是孩子学习社交规则的重要平台。例如,孩子可从家庭中学到基本社交礼仪,如问候、礼貌与感恩。这些基础社交规范为孩子未来与同伴、师长及社会成员的互动奠定了基石。同时,家庭成员间的冲突解决与沟通方式为孩子在复杂情境中建立良好关系提供了范例。家庭亦是孩子首次接触竞争与合作的环境。兄弟姐妹间的互动通常涉及合作与竞争。父母通过调整家庭角色、任务分配及行为规范,帮助孩子学会在竞争中保持礼仪,并在团队合作中发挥长处。这种能力在孩子成长为团队领导者时尤为重要,因为领导者需要平衡成员关系、激发合作精神并处理潜在冲突。

其次,家庭作为道德价值观教育的首要平台,父母以言传身教传递社会公认的道德规范、伦理观念和价值取向。道德教育不仅教会孩子分辨是非,更培养其对他人和社会的责任感。例如,父母可借助日常言行强调诚实、宽容、尊重、正义与公正等核心社会价值观。这样的道德教育有助于孩子形成正确的价值判断和社会责任感。家庭教育的道德功能不仅在于传授道德知识,更在于促使孩子在日常生活中践行这些规范。例如,借助家庭集体活动,父母可培养孩子的团队合作与互助精神,使其体验公平、公正的行为方式,并内化为个人价值观。在领导力培养过程中,具备良好道德价值观的个体在面对复杂决策时,能以公正的方式引领团队,赢得成员的信任与尊重。此外,家庭教育中的行为规范与道德教育亦涵盖培养孩子的责任感。责任感是个体社会化过程中至关重要的品质,对领导力培养尤为关键。父母通过赋予孩子适当责任和义务(如家庭小任务、照顾弟妹等),使其在实践中体验并理解责任的意义。这不仅可以帮助孩子逐步形成独立与团队意识,还可以为未来承担更大社会及领导责任奠定基础。领导者须具备高度责任感,既能承担决策后果,又能为团队成员提供指导与支持。家庭教育通过培养孩子从小承担责任的习惯,帮助其在面对重大决策时具备足够责任心与担当意识,从而领导团队、解决问题,并在困难面前做出果断选择。家庭教育还通过教导孩子如何做出道德判断与社会决策,提升其道德智慧。这种道德判断不仅限于分辨是非,还包括在复杂社会情境中平衡个人与集体利益,以及在利益冲突中作出公正决策。在领导力发展过程中,领导者常需在复杂情境中做出道德决策,因此,早期道德教育对未来成为正直且具有责任感的领导者至关重要。

最后,家庭教育中教给孩子的行为规矩和道德观念,会帮助他们长大后形成稳定的价值观。具有一致性价值观的个体能在领导中坚持原则,推动团队朝共同目标前进,减少不必要的内耗。无论在企业、社区还是其他组织中,若领导者在行为与决策上体现一致性、公正性和道德性,就更能赢得成员的尊重与信任,从而增强领导力。

综上所述,家庭教育在行为规范与道德价值观教育等个体领导力的培养中具有不可替代的作用。通过家庭教育,孩子不仅能掌握社会规范和行为规则,还能形成健全的道德观念与社会责任感。这些价值观与行为规范的内化,为孩子未来成长为具有责任感、公正心和道德意识的领导者奠定了基础。良好的道德价值观与行为规范不仅助力领导者树立个人威信,也有效引导团队成员迈向正确目标,保持组织的稳定和团结。

二、调查分析

领导力的形成与发展是一个复杂过程,受多种因素影响。其中,家庭背景作为个体成长的初始环境,被认为在塑造领导力方面发挥着重要作用。近年来,关于家庭背景与领导力之间关系的研究逐渐增多,但家庭背景如何具体影响领导力的形成,仍值得深入探讨。基于对 6 416 名受访者的调查数据,本书分析了家庭背景对个体领导力发展的影响,重点关注父母教育方式、兄弟姐妹数量和家庭决策参与度等因素在领导力形成中的作用。

表 4-3-1　家庭背景对大学生领导力发展的影响调查结果

	1. 您认为家庭背景对自身领导力的形成和发展有多大影响?					
	影响很大	有一定影响	一般	影响较小	几乎没有影响	合计
人数	1 904	3 305	929	203	75	6 416
比例	29.68%	51.51%	14.48%	3.16%	1.17%	100.00%

从表4-3-1可知,大多数受访者认为家庭背景对领导力的形成与发展有影响,其中"有一定影响"与"影响很大"的受访者合计占比达81.19%。少数受访者认为家庭背景影响较小或没有影响,其中认为"影响较小"与"几乎没有影响"的受访者合计占比为4.33%。认为"一般"的受访者占比为14.48%。总体而言,家庭背景对领导力形成与发展的影响获得了大多数受访者的认可,其中"有一定影响"的比例最高,为51.51%。只有少数受访者认为家庭背景对领导力的影响较小或不存在。

表4-3-2　父母教育对大学生领导力形成发展的影响调查结果

	2. 您的父母是否有意识地培养您的领导力?			
	是	否	可能有,但我不确定	合　计
人数	2 276	1 576	2 564	6 416
比例	35.47%	24.56%	39.96%	100.00%

从表4-3-2可知,39.96%的受访者选择了"可能有,但我不确定",这表明许多人对父母培养领导力的方式了解不足,可能因该方式较为隐性或间接。虽然35.47%的受访者认为父母有意识地培养自己的领导力,但仍有24.56%的受访者认为父母在这方面并未付出努力。这一结果表明,不同家庭的教育方式存在显著差异,父母是否有意识地培养领导力可能受到文化、家庭背景及教育理念等因素的影响。

由表4-3-3可知,这个问题关注的是家庭环境(特别是兄弟姐妹数量)是否对个体领导力发展产生影响。大多数受访者认为兄弟姐妹数量有一定影响。其中,37.89%的受访者认为影响很大,

19.05％的受访者认为有一定影响,总体约 60％的受访者认为兄弟姐妹数量对领导力有一定程度的影响。少数人认为影响较小或几乎没有影响。约 28％的受访者认为兄弟姐妹数量对领导力发展的影响较小或几乎不存在。

表 4-3-3　家庭中兄弟姐妹数量对大学生领导力
形成发展的影响调查结果

	12. 您认为家庭中兄弟姐妹的数量对您的领导力发展有多大影响?					
	影响很大	有一定影响	一般	影响较小	几乎没有影响	合计
人数	2 431	1 222	988	1 101	674	6 416
比例	37.89％	19.05％	15.40％	17.16％	10.50％	100.00％

从数据可看出,受访者普遍认为家庭中兄弟姐妹数量在一定程度上会影响个体的领导力发展。大部分受访者认为,兄弟姐妹数量的多寡可能通过竞争、合作及社会互动等方式影响个人领导能力。认为影响较小或不存在的受访者,可能源于家庭环境、教育背景或个人经历等因素。

表 4-3-4　家庭中父母引导对大学生领导力
形成发展的影响调查结果

	13. 您的父母是否鼓励您参与家庭决策或讨论?				
	经常	有时	很少	从不	合计
人数	1 055	1 560	3 278	523	6 416
比例	16.44％	24.31％	51.09％	8.15％	100.00％

从表4-3-4可知,大部分受访者(51.09%)认为父母"很少"鼓励孩子参与家庭决策或讨论,表明家庭决策对孩子的开放程度较低,孩子的意见未能得到充分考虑。仅16.44%的受访者表示父母"经常"鼓励孩子参与家庭决策。另外,24.31%的受访者表示父母"有时"鼓励孩子参与,表明虽然父母对孩子参与家庭决策有一定支持,但频率不足。

大多数家庭似乎未充分鼓励孩子参与决策过程,这可能与家庭文化、父母教育观念及家庭沟通模式有关。在较传统的家庭中,父母可能更倾向于主导决策,较少与孩子分享和讨论。对于大部分孩子(59.24%)来说,很少或从未被鼓励参与家庭决策,可能导致他们在家庭讨论中话语权较弱,或未能充分培养决策能力与责任感。此外,这可能受家庭背景、父母教育水平及文化差异等因素的影响。

三、比较研究

1. 不同性别的大学生对家庭背景影响领导力认知的比较分析

表4-3-5   不同性别大学生对家庭背景影响认知的比较分析

| | | 1. 您认为家庭背景对自身领导力的形成和发展有多大影响? | | | | | 总　计 |
		影响很大	有一定影响	一般	影响较小	几乎没有影响	
男	人数	954	1 208	479	53	33	2 727
	比例	34.98%	44.30%	17.57%	1.94%	1.21%	100.00%
女	人数	950	2 097	450	150	42	3 689
	比例	25.75%	56.84%	12.20%	4.07%	1.14%	100.00%

| | | 1. 您认为家庭背景对自身领导力的形成和发展有多大影响? | | | | | 总 计 |
		影响很大	有一定影响	一般	影响较小	几乎没有影响	
合计	人数	1 904	3 305	929	203	75	6 416
	比例	29.68%	51.51%	14.48%	3.16%	1.17%	100.00%
$X^2 = 3.997$ $p < 0.001$							

根据表 4-3-5 的数据可知,性别与家庭背景对领导力形成与发展的影响存在显著差异。总体而言,大多数受访者认为家庭背景对领导力形成具有"有一定影响"(51.51%)或"影响很大"(29.68%),而认为"影响较小"或"几乎没有影响"的受访者比例较低(合计 4.33%)。然而,男性与女性在这一问题上的看法存在明显差异。男性更倾向于认为家庭背景对领导力形成"影响很大"(34.98%),而女性则更倾向于认为"有一定影响"(56.84%)。此外,男性对家庭背景影响的看法较为中立,其选择"一般"的比例为17.57%,高于女性的 12.20%。在"影响较小"与"几乎没有影响"两个选项中,女性的比例略高于男性,但差异不显著。卡方检验结果($X^2 = 3.997$,$p < 0.001$)进一步证实了性别与其看法之间的显著关联。

综上所述,性别在家庭背景对领导力形成影响的认知中扮演着重要角色。男性更倾向于认为家庭背景的影响较大,而女性则更倾向于认为这种影响虽显著,但并非决定性。这种差异可能与性别角色、社会文化背景及教育经历等因素有关。在未来的领导力培养和发展中,应关注性别差异,提供更具针对性的支持,以更好地促进不同性别个体的领导力形成与发展。

2. 不同性别的大学生对父母意识影响领导力认知的比较分析

表 4-3-6 不同性别大学生对父母有意识培养
领导力认知的比较分析

		2. 您的父母是否有意识地培养您的领导力?			总　计
		是	否	可能有,但我不确定	
男	人数	915	763	1 049	2 727
	比例	33.55%	27.98%	38.47%	100.00%
女	人数	1 361	813	1 515	3 689
	比例	36.89%	22.04%	41.07%	100.00%
合计	人数	2 276	1 576	2 564	6 416
	比例	35.47%	24.56%	39.96%	100.00%
		$X^2 = 30.115$　$p < 0.001$			

表 4-3-6 的数据显示,性别对父母是否有意识地培养子女领导力的认知存在显著差异。总体而言,大多数受访者认为父母对子女领导力的培养意识存在"可能有,但我不确定"(39.96%)或"有"(35.47%)的情况,而认为没有培养意识的比例较低,仅为 24.56%。然而,男性与女性在这一问题上的看法存在明显差异。女性更倾向于认为父母有意识地培养了自己的领导力(36.89%),而男性在该选项上的比例较低(33.55%)。同时,女性在"可能有,但我不确定"选项上的比例(41.07%)也略高于男性(38.47%)。相比之下,男性更倾向于认为父母没有有意识地培养自己的领导力(27.98%),而女性在该选项上的比例较低(22.04%)。卡方检验结果($X^2 = 30.115$,$p < 0.001$)进一步证实了性别与看法之间的显著关联。

综上所述,性别在父母是否有意识培养子女领导力的认知中扮演着重要角色。女性更倾向于认为父母有意识培养了子女领导力,或至少对此持不确定态度,而男性则更倾向于认为父母未进行相关培养。这种差异可能与性别角色、家庭教育方式及社会期望等因素有关。在未来的家庭教育与领导力培养中,父母应关注性别差异,尤其是对男性子代的领导力培养可能需要更多地关注和投入。

3. 不同民族的大学生对家庭背景影响领导力认知的比较分析

表 4-3-7　不同民族大学生对家庭背景影响认知的比较分析

		1. 您认为家庭背景对自身领导力的形成和发展有多大影响?					总　计
		影响很大	有一定影响	一般	影响较小	几乎没有影响	
汉族	人数	1 723	3 056	881	203	58	5 921
	比例	29.10%	51.61%	14.88%	3.43%	0.98%	100.00%
少数民族	人数	181	249	48	0	17	495
	比例	36.57%	50.30%	9.70%	0.00%	3.43%	100.00%
合计	人数	1 904	3 305	929	203	75	6 416
	比例	29.68%	51.51%	14.48%	3.16%	1.17%	100.00%

$$X^2 = 57.724 \quad p < 0.001$$

根据表 4-3-7 的数据,可以看出民族背景与家庭背景对领导力形成发展的看法之间存在显著关联。总体而言,大多数受访者认为家庭背景对领导力形成"有一定影响"(51.51%)或"影响很大"(29.68%),而认为"影响较小"或"几乎没有影响"的比例较低(合计 4.33%)。然而,汉族和少数民族在问题上的看法存在明显不同。少数民族受访者更倾向于认为家庭背景对领导力形成"影响很大"(36.57%),高于汉族的比例(29.10%)。同时,少数民族受访者在"比较有影响"选项上的比例(50.30%)与汉族(51.61%)接近,但在"一般"选项上的比例(9.70%)显著低于汉族(14.88%)。值得注意的是,少数民族受访者中没有人选择"影响较小",而在"几乎没有影响"选项上的比例(3.43%)高于汉族(0.98%)。卡方检验结果($X^2 = 57.724$,$p < 0.001$)进一步证实了民族背景与看法之间的显著关联。

综上所述,民族背景在家庭背景对领导力形成影响的认知中扮演了重要角色。少数民族受访者更倾向于认为家庭背景对领导力形成有较大影响,这可能与少数民族家庭的文化传统、教育资源或社会支持等因素有关。相比之下,汉族受访者对家庭背景影响的看法相对分散,更多人对这种影响持中立态度。因此,在领导力培养与发展中,应特别关注少数民族群体的独特需求与背景,提供更具针对性的支持。

4. 不同民族的大学生对父母意识影响领导力认知的比较分析

表4-3-8　不同民族的大学生对父母意识影响
领导力认知的比较分析

		2. 您的父母是否有意识地培养您的领导力?			总　计
		是	否	可能有,但我不确定	
汉族	人数	2 106	1 421	2 394	5 921
	比例	35.57%	24.00%	40.43%	100.00%
少数民族	人数	170	155	170	495
	比例	34.34%	31.31%	34.34%	100.00%

续 表

		2. 您的父母是否有意识地培养您的领导力?			总 计
		是	否	可能有,但我不确定	
合计	人数	2 276	1 576	2 564	6 416
	比例	35.47%	24.56%	39.96%	100.00%

$$X^2 = 14.379 \quad p < 0.001$$

根据表 4-3-8 的分析,可以看出民族背景与父母是否有意识地培养子女领导力之间存在显著关联。总体而言,大多数受访者认为父母对子女领导力培养存在"可能有,但我不确定"(39.96%)或"是"(35.47%)的情况,而认为没有培养的比例较低,仅为 24.56%。然而,汉族和少数民族受访者在问题上的看法存在一定差异。在汉族受访者中,认为父母有意识培养子女领导力的比例(35.57%)与"可能有"的比例(40.43%)接近,而认为没有培养的比例仅为24.00%。相比之下,少数民族受访者在有培养(34.34%)与"可能有,但我不确定"(34.34%)这两个选项上的比例相同,但选择没有培养的比例为 31.31%,显著高于汉族的比例。卡方检验结果($X^2 = 14.379$,$p < 0.001$)进一步证实了民族背景与看法之间的显著关联。

综上所述,民族背景在父母是否有意识培养子女领导力的认知中扮演着重要角色。汉族受访者更倾向于认为父母有意识地培养子女领导力,或至少对此持不确定态度,而少数民族受访者则更倾向于认为父母未进行相关培养。这种差异可能与民族文化、家庭教育方式及社会资源分配等因素有关。为此,应特别关注少数民族学生群体的需求,提供更多的支持和资源,以促进其领导力的发展。

5. 有无学生干部经历对家庭背景影响领导力认知的比较分析

表 4-3-9 有无学生干部经历群体对家庭背景
影响认知的比较分析

		1. 您认为家庭背景对自身领导力的形成和发展有多大影响?					总 计
		影响很大	有一定影响	一般	影响较小	几乎没有影响	
有	人数	1 047	1 931	487	112	36	3 613
	比例	28.98%	53.45%	13.48%	3.10%	1.00%	100.00%
没有	人数	857	1 374	442	91	39	2 803
	比例	30.57%	49.02%	15.77%	3.25%	1.39%	100.00%
合计	人数	1 904	3 305	929	203	75	6 416
	比例	29.68%	51.51%	14.48%	3.16%	1.17%	100.00%

$X^2=15.289$ $p=0.004$

根据表 4-3-9 的数据分析,有无学生干部经历与家庭背景对领导力形成发展的影响的看法之间存在显著关联。总体而言,大多数受访者认为家庭背景对领导力形成"有一定影响"(51.51%)或"影响很大"(29.68%),而认为"影响较小"或"几乎没有影响"的比例较低(合计 4.33%)。然而,有学生干部经历和无学生干部经历的受访者在问题上的看法存在一定差异。有学生干部经历的受访者更倾向于认为家庭背景对领导力形成"有一定影响"(53.45%),比例高于无学生干部经历的受访者(49.02%)。同时,有学生干经历的受访者在"影响很大"选项上的比例(28.98%)略低于无学生干部经历的受访者(30.57%),而在"一般"选项上的比例(13.48%)也低于无学生干部经历的受访者(15.77%)。在"影响较小"和"几乎没有影响"两个选项上,两者的比例接近,差异较小。卡方检验结果($X^2=15.289$,$p=0.004$)进一步证实了学生干部经历与看法之间的显著关联。

综上所述,学生干部经历在家庭背景对领导力形成影响的认知中扮演了一定角色。有学生干部经历的受访者更倾向于认为,家庭背景对领导力形成有比较显著的影响,这可能与通过实践更深刻地认识到家庭背景在领导力发展中的作用有关。相比之下,无学生干部经历的受访者对家庭背景影响的看法相对分散,更多人对这种影响持中立态度。因此,应重视学生干部经历的积极作用,同时关注无学生干部经历群体的需求,提供更多的实践机会和支持。

6. 有无学生干部经历的大学生对父母意识影响认知的比较分析

表4-3-10　有无学生干部经历群体对父母培养
领导力意识认知的比较分析

| | | 2. 您的父母是否有意识地培养您的领导力? | | | 总　计 |
		是	否	可能有,但我不确定	
有	人数	1 336	820	1 457	3 613
	比例	36.98%	22.70%	40.33%	100.00%
没有	人数	940	756	1 107	2 803
	比例	33.54%	26.97%	39.49%	100.00%

		2. 您的父母是否有意识地培养您的领导力？			总　计
		是	否	可能有,但我不确定	
合计	人数	2 276	1 576	2 564	6 416
	比例	35.47%	24.56%	39.96%	100.00%
$X^2 = 17.291$　　p<0.001					

根据表 4-3-10 的数据,可以看出有无学生干部经历对父母是否有意识地培养子女领导力的认知存在显著关联。总体而言,大多数受访者认为父母"可能有,但我不确定"是否培养了的领导力(39.96%),其次是明确认为有培养(35.47%),而认为没有培养的比例相对较低(24.56%)。然而,有学生干部经历和无学生干部经历的受访者在问题上的看法存在一定差异。有学生干部经历的受访者更倾向于认为父母有意识地培养了自己的领导力(36.98%),高于无学生干部经历的受访者(33.54%)。同时,有学生干部经历的受访者在没有培养选项上的比例(22.70%)低于无学生干部经历的受访者(26.97%),而在"可能有,但我不确定"选项上的比例(40.33%)与无学生干部经历的受访者(39.49%)接近。卡方检验结果($X^2 = 17.291$, p<0.001)进一步证实了学生干部经历与看法之间的显著关联。

综上所述,学生干部经历在父母是否有意识地培养子女领导力的认知中扮演了一定角色。有学生干部经历的受访者更倾向于认为父母有意识地培养了自己的领导力,这可能与通过实践更深刻地认识到家庭教育在领导力发展中的作用有关。相比之下,无学生干部经历的受访者更倾向于认为父母没有进行相关培养,或者对此持不确定态度。为此,应重视学生干部经历的积极作用,同时关注无学生干部经历群体的需求,提供更多的家庭教育支持和实践机会。

第四节　共青团组织对个体领导力发展的影响研究

共青团作为我国青年群体重要的政治组织,在青年成长和社会实践中发挥着先锋模范作用。通过多样化的活动组织、系统化的理论教育以及全面的实践锻炼,共青团为广大青年成员提供了多层次的领导力培养平台。本节将探讨共青团如何通过激发责任感、培养团队协作精神和创新思维,促进个体领导力的形成与发展,为新时代青年领导力培养提供理论支持与实践指导。

一、理论假设

1. 实践驱动与能力塑造的机制

共青团组织通过丰富的社会实践活动,推动青年在实际工作中不断锤炼和提升领导力。实践导向的领导力发展理论为共青团培养青年领导力提供了重要的理论支持和实践路径。该理论根植于建构主义学习理论,认为知识是通过个体与环境的互动建构而成的。共青团通过组织社会实践、志愿服务及社团活动,为青年提供了多样化的实践平台,使其能够在真实情境中主动建构领导力知识。这种学习方式不仅增强了知识的实用性,还提高了知识的迁移能力,使青年在面对复杂问题时能灵活运用所学知识。

实践导向的领导力发展理论强调学习是一个循环过程,包括具体经验、反思观察、抽象概念化和主动实验四个阶段。共青团的社会实践活动为青年提供了这一学习过程的完整体验。例如,在志愿服务活动中,青年通过具体服务经验(具体经验)、反思自己的行为(反思观察),形成对领导力的新理解(抽象概念化),并在后续活动中加以应用(主动实验)。这种循环学习模式使青年在实践中不断深化对领导力的理解,并将其转化为实际能力。

共青团通过多种形式的实践活动为青年提供了丰富的领导力发展机会。这不仅包括传统志愿服务和社会实践,还涵盖创新创业项目、社团管理和校园文化活动等,为青年提供了多样化的实践平台,使其能够在不同情境中锻炼和提升领导力。社会实践作为共青团培养青年领导力的重要途径,帮助青年深入了解社会现实,增强社会责任感和使命感。例如,共青团组织的"三下乡"社会实践活动让青年深入农村,了解基层社会的实际情况,锻炼其组织协调能力和问题解决能力,从而提高领导力。在志愿服务方面,共青团通过组织"西部计划"等活动,使青年在西部地区艰苦环境中锻炼领导能力,增强社会责任感。在社团活动中,青年通过参与"社团文化节"等活动,在团队合作中锻炼组织协调能力和团队合作精神,进一步提升领导力。

实践导向的领导力发展模式在共青团工作中取得了显著成效。通过对参与社会实践、志愿服务和社团活动的青年进行跟踪调查,发现这些活动在提升青年领导力方面发挥了重要作用。一是决策能力的提升。青年通过社会实践活动,面对复杂社会问题时能够迅速做出决策并采取有效行动,从而增强自信心并提高领导力。二是组织协调能力的提升。通过参与志愿服务活动,青年需要协调资源,组织团队成员,确保活动顺利进行,从而增强团队合作意识和领导力。三是团队合作能力的提升。通过社团活动,青年在团队中紧密合作共同完成任务,进一步强化团队合作意识并提高领导力。

综上所述,共青团通过实施实践导向的领导力发展模式,培养青年在决策、组织协调、团队合作等方面的能力,为其未来成为优秀社会领导者提供了坚实基础。

2. 榜样示范与角色认同的机制

共青团组织通过树立优秀榜样,发挥榜样效应,激发青年对领导角色的认同感,从而引导青年主动承担责任。共青团始终重视榜样教育,认为优秀团干部和先进青年的示范作用对个体领导力发展具有重要影响。这一理念与角色认同理论高度契合。根据该理论,个体通过观察和模仿社会角色的行为,逐步内化这些角色,并据此调整自身行为。具体来说,个体在社会交往中通过观察他人的行为,认同其价值观和行为模式,逐渐形成对特定社会角色的认同。这不仅可以帮助个体学会履行社会角色,还塑造了其自我认同感,进而影响其在角色中的表现。

在共青团的组织实践中,示范引领作用通过系统化的先进典型选树机制得以充分体现。共青团构建了"标杆引领、群体共振、价值内化"的榜样教育体系,不仅实现了对青年群体的价值引领与行为示范,还在组织动员与思想引领层面形成了独特的制度化实践路径。这些先进典型通过实际行动展现了领导力的核心要素,如责任感、执行力、决策能力以及团队合作精神。青年通过观察、学习和模仿这些榜样,逐步内化其行为模式,并增强对领导角色的认同感。同时,优秀团干部和先进青年的事迹为团员树立了具体的行为标杆,使他们在日常实践中有目标、有方向地追求领导力发展。

此外,榜样教育不仅促进了行为模仿,还激励青年形成自我效能感。个体通过观察他人成功履行某一角色,能够增强自己完成该角色的信心。共青团通过持续展示优秀团干部的事迹与成就,有效提升了团员对扮演领导角色的信心与向往,激发了他们追求卓越的动力。这种激励机制促使青年在参与集体活动和社会实践时,愿意承担更多的领导职责,并在实践中不断提升领导力素质。

榜样教育不仅培养了青年的领导意识,还为他们提供了具体的行动指南,帮助他们在领导力发展过程中形成明确的价值观和行为模式。这充分体现了角色认同理论中的"行为内化"机制,进一步深化了榜样教育对青年领导力发展的促进作用。因此,作为共青团领导力培养的核心策略,榜样教育对青年群体领导力提升具有深远的理论和实践意义。

3. 价值观引领与责任意识的培养机制

共青团通过传递先进价值观和强化责任意识,塑造青年正确的领导理念和行为规范。作为党领导的先进青年组织,共青团在引领青年价值观与社会责任感的形成方面发挥着重要作用。共青团通过主题团课、社会实践等丰富多样的形式,深入践行社会主义核心价值观,使其融入青年日常学习与生活,引导青年坚定理想信念,增强社会责任感、国家使命感和集体荣誉感。

共青团以集体教育为基础,着力引导青年树立集体主义、爱国主义、诚信与公正等价值观。通过思想引领与实践活动相结合的方式,不仅使青年深刻认同社会主义核心价值观,更推动他们将个人理想融入国家发展,自觉担当起时代赋予的社会责任与历史使命。这不仅让青年明确了自己在社会发展中的角色定位,还激发了其为社会与集体贡献力量的内在热情。

共青团通过理论学习和思想政治教育,帮助青年全面深入地理解社会主义核心价值观的内涵要求,进一步强化其作为社会成员应承担的责任与义务。通过结合理论知识与实际案例分析,共青团引导青年将抽象的价值观转化为具体的行为准则,使其在日常行动中践行社会主义核心价值观。此外,青年通过积极参与团组织的社会实践与志愿服务活动,逐步将社会责任感内化为个人行为准则。以"三下乡"等社会实践活动为例,青年在与基层社会的接触中,真实了解基层需求与困境,深刻感受到自身作为社会一员的责任。这种实践体验不仅加深了青年对社会责任的理解,还促使他们在未来的生活和工作中主动担当责任,对其领导力的发展产生积极影响。在实践过程中,青年通过与不同群体的互动交流,积累经验,提升解决实际问题的能力。在服务社会的同时,他们也在反思自身成长与社会发展的关系,进一步明确责任方向。这种在实践中形成的责任意识与担当精神,正日益转化为青年成长的内生动力,推动他们逐步成长为堪当民族复兴重任的时代新人。

共青团高度重视青年历史使命感和时代责任担当的培育。共青团通过组织学习党的光辉历程、革命先烈的崇高精神和新时代伟大成就的活动,引领青年深刻体悟在民族复兴伟业中的历史责任。这种历史使命感与责任感的培育,使青年不仅在个人层面形成强烈的使命意识,更能在未来的领导岗位上坚守坚定的理想信念与责任担当。一方面,共青团通过红色教育活动、历史文化讲座和社会实践等方式,帮助青年铭记与弘扬中国革命与建设中的英雄事迹,激发其历史责任感。青年深刻认识到作为新时代青年所肩负的使命,主动承担时代赋予的重任,在各自岗位上传承和发扬光荣传统,为国家的繁荣发展贡献力量。另一方面,共青团通过集体活动,着力培养青年的担当精神。共青团通过集体活动锤炼青年品格,使其在实践中淬炼出迎难而上的担当精神与攻坚克难的坚定意志。在共青团组织的引领下,青年们逐步培养起胸怀天下的领导意识,持续提升解决复杂问题的能力,成长为新时代可堪大任的力量。

二、调查分析

表 4-4-1 关于所在学校学生干部领导力情况的调查结果

	3. 您所在学校的学生干部领导力水平如何?					
	非常好	比较好	一般	较差	非常差	合计
人数	1 644	3 769	926	37	40	6 416
比例	25.62%	58.74%	14.43%	0.58%	0.62%	100.00%

根据表 4-4-1 可知,84.36%的受访者(选择"非常好"和"比较好")认为学生干部的领导力良好或非常好。这表明,大多数学生对学生干部在领导工作中的表现持肯定态度,并认为其具备一定的领导力。15.63%的受访者(选择"一般""较差"和"非常差")认为学生干部的领导力一般或不令人满意。虽然这一比例较低,但仍反映出学生干部在领导力方面存在提升空间,尤其是在部分学生的期望与实际表现之间存在差距。

大部分学生(84.36%)认为学生干部的领导力较好或非常好,这表明学校学生干部在领导与组织工作中获得了广泛认可。这可能与学校学生干部的选拔机制、培训以及实际工作能力密切相关。尽管大多数学生肯定学生干部的领导力,但约 15.63%的受访者对其表现持中立或不满意态度。这表明,虽然整体表现良好,但学生干部在决策能力、团队协作、执行力等方面仍存在改进空间。对于少数被认为学生干部领导力不佳的学生,可通过加强培训、积累经验和完善反馈机制来提升学生干部的领导能力,进一步增强其在校园活动和学生组织中的影响力。

表 4-4-2　关于所在学校团员先进性教育中
领导力培养工作的调查结果

	8. 贵校团员先进性教育中是否包含领导力培养内容?			
	是	否	可能有,但我不确定	合计
人数	3 223	270	2 923	6 416
比例	50.23％	4.21％	45.56％	100.00％

　　根据表 4-4-2 的数据,50.23％的受访者认为学校的团员教育中确实开展了领导力培养工作,这表明超过一半的学生认为团组织已将领导力培养纳入团员教育的核心内容。近 46％的受访者表示对学校是否开展领导力培养工作不甚了解,这表明,尽管部分学校可能已开展相关活动,但信息传播和宣传不到位,导致大多数学生对此了解不足。

表 4-4-3　关于所在学校共青团学生干部培养中
领导力实践活动的调查结果

	7. 贵校共青团学生干部骨干培养中是否开展领导力培养实践活动?			
	是	否	可能有,但我不确定	合计
人数	3 349	285	2 782	6 416
比例	52.20％	4.44％	43.36％	100.00％

　　根据表 4-4-3 的数据可知,52.20％的受访者认为学校已开展领导力培养实践活动,这表明大多数学生认为学校重视领导力培养,并在学生干部教育中落实了相关实践。约 43.36％的学生表示

不清楚学校是否开展领导力培养实践活动,这表明学校在活动宣传和信息传递方面可能存在不足。提高活动的可见度和透明度,有助于让更多学生了解并积极参与其中。仅4.44%的受访者认为学校未开展领导力培养实践活动,这表明绝大部分学校至少在某种程度上已重视并实施了领导力实践培养。

三、比较研究

1. 不同民族的大学生参与共青团组织实践活动的比较分析

表4-4-4　不同民族的大学生参与共青团组织实践活动的比较分析

| | | 7. 贵校共青团学生干部骨干培养中是否开展领导力培养实践活动? | | | 总　计 |
		是	否	可能有,但我不确定	
汉族	人数	1 306	136	1 285	2 727
	比例	47.89%	4.99%	47.12%	100.00%
少数民族	人数	2 043	149	1 497	3 689
	比例	55.38%	4.00%	40.58%	100.00%
合计	人数	3 349	285	2 782	6 416
	比例	52.20%	4.44%	43.37%	100.00%

$$X^2=35.495 \quad p=0$$

根据表4-4-4的数据,可以看出不同民族大学生在参与共青团学生干部骨干培养中领导力培养实践活动时的不同情况。从数据上看,汉族学生中有1 306人(47.89%)选择"是",136人(4.99%)选择"否",而1 285人(47.12%)选择"可能有,但我不确定",总计2 727人;而少数民族学生中有2 043人(55.38%)选择"是",149人(4.00%)选择"否",1 497人(40.58%)选择"可能有,但我不确定",总计3 689人。总体来看,6 416名学生中,选择"是"的占52.20%(3 349人)、"否"的占4.44%(285人)、"可能有,但我不确定"的占43.37%(2 782人)。

此外,卡方检验结果显示,统计量$X^2 = 35.495$,$p = 0$,表明不同民族在这一问题上的回答分布存在显著差异。这一统计结果说明,民族因素与学生对共青团领导力培养实践活动的认知或参与存在一定关联。少数民族学生中选择"是"的比例较高,可能反映出其所在学校在组织相关活动时更为积极或这些学生对活动的知晓率较高;而汉族学生中较高比例的不确定回答则提示信息传递或活动参与情况可能存在模糊性。总体而言,这些发现为进一步探讨大学生领导力培养中不同民族群体的差异提供了数据支持,并为制定更有针对性的活动推广策略提供了依据。

2. 不同民族的大学生对团员先进性教育认知的比较分析

表4-4-5　不同民族大学生对团员先进性教育认知的比较分析

		8. 贵校团员先进性教育中是否包含领导力培养内容?			总　计
		是	否	可能有,但我不确定	
汉族	人数	2 980	265	2 676	5 921
	比例	50.33%	4.48%	45.20%	100.00%
少数民族	人数	243	5	247	495
	比例	49.09%	1.01%	49.90%	100.00%
合计	人数	3 223	270	2 923	6 416
	比例	50.23%	4.21%	45.56%	100.00%
$X^2 = 15.395$　$p = 0$					

根据表 4-4-5 的数据,6 416 名受访者中有 50.23％明确表示参与过团员先进性教育,4.21％表示未参与,而 45.56％表示可能存在但不清楚。这表明,超过半数的受访者对团员先进性教育有明确参与经历,但仍有 45.56％的受访者对是否开展此项教育缺乏清晰认知。

分民族比较发现,汉族受访者中,50.33％的人表示参与过团员先进性教育,4.48％的人表示没有参与过,45.20％的人表示可能存在但不了解。而在少数民族受访者中,49.09％的人表示参与过团员先进性教育,1.01％的人表示没有参与过,49.90％的人表示可能存在但不了解。数据表明,汉族与少数民族受访者在团员先进性教育的参与比例上较为接近,但少数民族受访者中表示没有参与过的比例显著低于汉族受访者,而表示可能存在但不了解的比例略高于汉族受访者。卡方检验结果($X^2 = 15.395$,$p=0$)表明汉族与少数民族在团员先进性教育的参与情况上存在统计学意义上的显著差异。具体而言,少数民族受访者中明确表示没有参与过团员先进性教育的比例显著低于汉族受访者。

综上所述,尽管汉族与少数民族受访者在团员先进性教育参与比例上总体接近,但少数民族中明确表示未参与的比例显著低于汉族。这种差异可能反映了少数民族群体在团员先进性教育参与上的积极性或组织覆盖率相对较高,值得在后续研究中进一步探讨其成因及政策意义。同时,较高比例的受访者对团员先进性教育存在认知模糊,这也提示相关教育活动的宣传与组织力度有待进一步加强。

3. 有无学生干部经历对共青团组织的实践活动的比较分析

根据表 4-4-6 的数据,可以看出不同学生干部经历群体对共青团组织中开展领导力培养实践活动的认知存在显著差异。总体

来看,样本总数为 6 416 人,其中具有学生干部经历者为 3 613 人,
而没有学生干部经历者为 2 803 人。

表 4-4-6　有无学生干部经历对共青团组织
实践活动认知的比较分析

		7. 贵校共青团学生干部骨干培养中是否开展领导力培养实践活动?			总　计
		是	否	可能有,但我不确定	
有学生干部经历	人数	2 020	176	1 417	3 613
	比例	55.91%	4.87%	38.22%	100.00%
没有学生干部经历	人数	1 376	28	1 399	2 803
	比例	49.09%	1.01%	49.90%	100.00%
合计	人数	3 396	204	2 816	6 416
	比例	52.93%	3.18%	43.89%	100.00%
$X^2 = 57.961$　$p = 0$					

在具有学生干部经历的群体中,有 55.91% 的受访者认为学校
在共青团学生干部骨干培养中开展了领导力培养实践活动,仅有
4.87% 的受访者认为没有开展,而 38.22% 的受访者表示不确定。
相较之下,在没有学生干部经历的群体中,只有 49.09% 的受访者
确认活动的开展,1.01% 的受访者否定,而有接近一半(49.90%)的
受访者对是否开展该活动表示不确定。

卡方检验结果($X^2 = 57.961$,$p = 0$)表明,这种认知差异具有
统计学显著性,说明是否具有学生干部经历与对共青团实践活动的
认知之间存在较强的关联。总体数据中,52.93% 的受访者认为活动

开展了,3.18％的受访者认为没有,43.89％的受访者表示不确定。

这一结果可能反映出具有学生干部经历的学生由于参与过相关活动或接触更多内部信息,对学校开展的领导力培养实践活动具有更明确的认知;而缺乏学生干部经历的学生则因信息获取渠道较少,对此活动的了解较为模糊。该发现为学校在改进活动宣传和信息传递方式时提供了依据,有助于进一步提升活动的覆盖度和认知度。

4. 有无学生干部经历对团员先进性教育认知的比较分析

表 4-4-7　有无学生干部经历群体对团员
先进性教育认知的比较分析

| | | 8. 贵校团员先进性教育中是否包含领导力培养内容? | | | 总　计 |
		是	否	可能有,但我不确定	
有学生干部经历	人数	1 922	165	1 526	3 613
	比例	53.20％	4.57％	42.23％	100.00％
没有学生干部经历	人数	1 376	28	1 399	2 803
	比例	49.09％	1.01％	49.90％	100.00％
合计	人数	3 298	193	2 925	6 416
	比例	51.40％	3.01％	45.59％	100.00％

$X^2=37.009$　$p=0$

根据表 4-4-7 的数据,有学生干部经历的群体中,53.20％的受访者认为团员先进性教育中包含领导力培养内容,4.57％的受访者认为不包含,而 42.23％的受访者则表示可能包含但不确定。

相比之下,没有学生干部经历的群体中,只有49.09%的受访者确认包含此类内容,1.01%的受访者否定,近一半(49.90%)的受访者表示不确定。

总体来看,总样本中51.40%的受访者确认团员先进性教育中包含领导力培养内容,3.01%的受访者认为不包含,45.59%的受访者则表示不确定。卡方检验结果($X^2 = 37.009, p = 0$)表明有无学生干部经历的群体在对团员先进性教育中领导力培养内容的认知上存在显著差异。

这说明,具有学生干部经历的学生更倾向于确认学校在团员先进性教育中融入了领导力培养内容,而没有学生干部经历的学生则表现出更高的不确定性。可能的原因在于,具有学生干部经历的学生往往更频繁地参与相关活动,信息获取更为充分,从而对教育内容有更清晰的认知。这为学校在完善团员先进性教育内容、加强宣传与拓宽信息传递渠道时提供了有益的参考。

第五节　评价体系对个体领导力发展的影响研究

领导力既是个人在团队中发挥作用的核心能力,更是决定未来职业高度与社会价值的关键素养。随着社会对复合型人才需求的日益增长,高校教育已从单一的知识传授转向全面培养学生的综合素质。因此,作为个人综合素质的重要组成部分,领导力能够帮助学生在复杂环境中高效决策、协调团队、解决问题,并为未来承担更重要的社会责任奠定基础。将领导力纳入学生素质评价体系,不仅能够激发学生对领导力培养的重视,还能为其提供在课外活动、社会实践等多元场景中展示与锻炼领导才能的机会。这一机制能够有效推动学生德智体美劳全面发展,增强其社会适应能力和核心竞争优势,为其迎接未来社会的复杂挑战奠定坚实基础。

表 4-5-1　关于领导力纳入学生素质评价体系的调查结果

	9. 您所在院系的学生素质评价中是否将领导力列入指标体系?		
	是	否	合　计
人数	4 345	2 071	6 416
比例	67.72%	32.28%	100.00%

　　结合表 4-5-1 的调查结果,67.72%的受访者认为院系已将领导力纳入学生素质评价体系,表明大多数院系已认识到领导力对学生综合素质的重要性,并在评价中予以体现。32.28%的受访者表示院系未将领导力纳入素质评价体系,虽然比例较低,但仍需引起关注。

　　将领导力纳入素质评价体系后,学生在课业学习与实践活动中会有意识地注意领导力的提升。通过参与团体活动、社团管理及志愿服务等,学生在具体情境中系统地锻炼领导力。这不仅为学生提供了训练决策能力与组织协调能力的机会,还进一步强化了团队合作精神和问题解决能力,从而全面提升综合素质。以创新创业课程、学生组织活动和社会实践项目为例,学生在担任领导角色过程中能够将领导力理论与实际情境相结合,实现学以致用,从而提升领导力的实践应用水平。同时,院系通过将领导力纳入素质评价体系,并设立相关奖项、竞赛等激励机制,有效提高了学生参与领导力实践活动的积极性。

　　然而,尽管有 67.72％的院系已将领导力纳入学生素质评价体系,但仍有 32.28％的院系未将其纳入。这表明,尽管越来越多的院系认识到领导力的重要性,但在部分院系,领导力教育和培养仍然处于相对薄弱的环节。这提示我们,领导力教育的普及与深化仍需进一步推进。

　　综上所述,作为学生综合素质的重要组成部分,领导力在高校教育中的地位日益凸显。调查结果显示,67.72％的院系已将领导力纳入学生素质评价体系,表明大多数高校已认识到领导力对学生全面发展的重要性,并通过实践和激励机制促进学生领导能力的提升。然而,仍有 32.28％的院系尚未将领导力列入评价体系,这表明领导力教育的普及与深化仍需进一步推进。因此,高校应通过完善领导力培养课程、丰富实践活动和优化评价机制,推动领导力教育在更广泛的范围内实施,从而为学生提供更全面的能力培养平台,助力其成长为具有社会责任感和创新能力的复合型人才,进而更好地适应未来社会发展的需求。

第五章
浙江省大学生领导力培养的现状、演变与创新实践
——基于 2013 年与 2024 年数据的对比分析

本章旨在探讨浙江省大学生领导力培养的现状、演变与创新实践。通过对比 2013 年与 2024 年的调研数据，勾勒出浙江省大学生领导力发展的整体轨迹，并揭示其演变规律与影响因素。从全国大学生领导力调研的大样本中选取了具有代表性的浙江省样本，以确保数据的科学性和适用性，并为区域性分析提供坚实依据。通过个案研究，深入探讨浙江省高校在大学生领导力培养方面的创新实践，为提升全国大学生领导力提供参考路径。

第一节 浙江省高校大学生领导力培养现状

一、数据选取

2024 年的数据来自全国大学生领导力调查的浙江省子样本

（N＝1 226），涵盖 20 所高校，采用分层随机抽样方式，确保样本在浙江省 20 所高校中的代表性，覆盖不同类型和规模的高校。为确保与 2013 年数据的可比性，本书提取了与 2013 年问卷一致的领导力维度。

　　从全国数据中提取的浙江省样本量为 1 226，远超 2013 年样本量（N＝487）。通过 GPower 3.1 软件计算，在显著性水平 $\alpha=$ 0.05、效应量 Cohen's d＝0.5 的条件下，当前样本的统计效力为 0.966，显著高于推荐阈值 0.8（见表 5-1-1）。这表明，2024 年数据能够以 95％ 的概率检测到领导力各维度的中等规模差异，避免了因样本量不足导致的Ⅱ类错误风险。[①] 尽管两次调查的样本量不同，但 2024 年更高的统计效力进一步确保了纵向对比结果的可信度。

表 5-1-1　统计效力分析结果

分析类型	样本量配比	效应大小	显著性水平	统计功效
独立样本 t 检验	1 226/487	Cohen's d＝0.5	0.05	0.966

二、数据结果

（一）基本情况

　　根据浙江省高校的调研数据，被调查者的个体特征分布如

---

　　①　Ⅱ类错误风险（Type Ⅱ Error），也称为"假阴性"错误，指的是在实际存在效应或差异的情况下，统计检验未能拒绝原假设，错误地认为没有显著差异或效应。简单来说，Ⅱ类错误是指未能发现实际存在的效应或差异，通常用 β 表示。换句话说，Ⅱ类错误是当研究未能检测到真实的影响或关联时发生的错误。Ⅱ类错误风险意味着由于样本量不足，研究可能无法发现实际存在的领导力维度之间的差异。因此，使用足够大的样本量可以提高研究的统计效力，降低发生Ⅱ类错误的风险，使研究结果更具可靠性。

表 5-1-2 所示。在性别方面,样本中男性与女性的比例较为接近,男性占 46.98%,女性占 53.02%,表明性别分布相对均衡,女性略占多数。在民族构成上,绝大多数被调查者为汉族,占总样本的94.13%,而少数民族仅占 5.87%,说明样本以汉族学生为主,少数民族样本比例较低。

表 5-1-2 被调查大学生个体特征分布

个体变量特征	样本分布	频数	频率
性别	男	576	46.98%
	女	650	53.02%
民族	汉族	1 154	94.13%
	少数民族	72	5.87%
学生干部经历	有	609	49.67%
	无	617	50.33%
所在年级	一年级	406	33.12%
	二年级	377	30.75%
	三年级	250	20.39%
	四年级	193	15.74%
高校所属地	杭州市	560	45.68%
	宁波市	97	7.91%
	温州市	55	4.49%
	嘉兴市	35	2.85%

个体变量特征	样本分布	频数	频率
高校所属地	湖州市	24	1.96%
	绍兴市	36	2.94%
	金华市	382	31.16%
	舟山市	37	3.02%

在学生干部经历方面,49.67%的被调查者曾担任过学生干部,另有50.33%的被调查者没有相关经历,表明样本在学生干部经历方面的分布较为均匀。在年级分布上,一年级和二年级学生的比例较高,分别为33.12%和30.75%,而三年级和四年级学生的比例相对较低,分别为20.39%和15.74%。这一分布可能与低年级学生参与调查的积极性较高有关。

就高校所属地而言,来自杭州市的被调查者最多,占比为45.68%,其次是金华市,占比为31.16%。其他城市(如宁波、温州、嘉兴等)的被调查者比例相对较低。这反映出样本主要集中在浙江省内,尤其是杭州市和金华市的样本数量较为突出。总体来看,调研数据反映了浙江省高校学生的基本特征,为后续分析提供了重要参考。

(二)比较分析

为了探讨性别、民族、年级、学生干部经历和高校所属地等背景变量对大学生领导力六个维度的影响,本节采用了SPSS中的比较均值方法,如独立样本 t 检验和单因素方差分析(ANOVA)。这种方法能够有效比较不同组别在某一变量(本书中的领导力维度)上的均值差异,从而揭示各组别在领导力表现方面的差异。

具体而言,独立样本 t 检验适用于比较两个独立组的均值差异,而单因素方差分析则用于比较三个或更多组之间的均值差异。通过这些分析方法,可以检验不同性别、民族、年级、高校背景和有无学生干部经历的大学生在领导力各维度上的表现是否存在显著差异。

通过数据分析能够检验不同背景变量对大学生领导力各维度的影响,从而揭示性别、民族、年级、学生干部经历和高校所属地等因素是否对领导力表现产生显著影响。这不仅有助于理解不同群体在领导力发展上的差异,还为高校制定有针对性的领导力培养策略提供了数据支持。

1. 浙江省高校大学生在领导力六个维度上的性别差异分析

根据表 5-1-3 的数据,浙江省高校大学生在领导力六个维度上的性别差异情况存在显著变化。

在实践能力维度上,男性的平均得分(4.003 3)显著高于女性(3.896 3),t 检验结果显示这一差异具有统计学显著性($t=2.644$,$p=0.008$),表明性别对实践能力维度存在明显影响。莱文方差等同性检验的结果($F=0.075$,$p=0.784$)表明,男性和女性组的方差没有显著差异,支持使用等方差假定。然而,在团队合作能力、政治素养、情绪智力、自我管理能力和领导意识等维度上,男女之间的差异未能达到显著性水平。在团队合作能力维度上,男性(4.206 4)和女性(4.205 6)的得分几乎相同,t 检验结果显示显著性为 0.983($p>0.05$),表明性别对团队合作能力的影响较小。在政治素养维度上,尽管男性(4.27)和女性(4.268 1)的得分接近,但由于方差显著不同($F=9.647$,$p=0.002$),t 检验结果显示性别对政治素养的影响没有显著性($t=0.049$,$p=0.961$)。类似的,情绪智力、自我管理能力和领导意识等维度上的性别差异均未达到显著性水平,分别为 0.737、0.215 和 0.47,表明这些维度上的性别差异较小。

表5-1-3　浙江省高校大学生领导力六个维度的性别差异分析

维度	性别	个案	平均值	方差假定	莱文方差等同性检验 F	莱文方差等同性检验 显著性	平均值等同性 t 检验 t	平均值等同性 t 检验 显著性（双尾）
实践能力	男	576	4.003 3	假定等方差	0.075	0.784	2.644	0.008
	女	650	3.896 3	不假定等方差	—	—	2.645	
团队合作能力	男	576	4.206 4	假定等方差	0.236	0.627	0.021	0.983
	女	650	4.205 6	不假定等方差	—	—	0.021	
政治素养	男	576	4.270 0	假定等方差	9.647	0.002	0.049	0.961
	女	650	4.268 1	不假定等方差	—	—	0.049	
情绪智力	男	576	4.005 8	假定等方差	0.216	0.642	−0.057	0.954
	女	650	4.007 9	不假定等方差	—	—	−0.057	
自我管理能力	男	576	3.961 8	假定等方差	0.299	0.585	1.240	0.215
	女	650	3.905 6	不假定等方差	—	—	1.238	0.216
领导意识	男	576	3.964 1	假定等方差	0.441	0.507	0.723	0.470
	女	650	3.927 2	不假定等方差	—	—	0.727	0.468

综上所述,性别差异对大学生的领导力维度表现有一定影响,尤其是在实践能力维度上,男性的得分显著高于女性。然而,在其他维度,如团队合作、政治素养、情绪智力、自我管理能力和领导意识等方面,男女之间的差异较小,说明这些维度上性别的影响较为有限。这可能反映出社会对男性和女性在实践活动中的不同期待及参与差异。

2. 浙江省高校大学生领导力六个维度的民族差异分析

表 5-1-4 的数据显示,浙江省高校大学生在领导力的六个维度上存在一定的民族差异。

在实践能力维度上,汉族学生的平均得分(3.962 8)显著高于少数民族学生(3.685 8)。t 检验结果显示,差异具有统计学显著性(t=3.233,p=0.001),说明民族因素对实践能力的培养存在显著影响。其次,在团队合作能力维度上,尽管汉族学生的得分(4.212 7)略高于少数民族学生(4.097 2),但 t 检验结果未能显示出显著性(t=1.448,p=0.148),表明民族差异对团队合作能力的影响较为有限。

在政治素养维度上,汉族学生的得分(4.275 8)显著高于少数民族学生(4.159 7)。t 检验结果显示,这一差异具有统计学显著性(t=2.044,p=0.044),表明民族文化背景对政治素养的培养可能存在一定的影响。此外,在情绪智力维度上,虽然汉族学生的得分(4.008 5)稍高于少数民族学生(3.981 5),t 检验结果未能显示出显著差异(t=0.336,p=0.737),表明民族差异对情绪智力的影响较小。

在自我管理能力维度上,汉族学生的得分(3.948 9)显著高于少数民族学生(3.662)。t 检验结果显示,差异具有统计显著性(t=2.993,p=0.003),说明民族背景对自我管理能力的培养具有显

表5-1-4 浙江省高校大学生领导力六个维度的民族差异分析

维度	民族	个案	平均值	方差假定	莱文方差等同性检验		平均值等同性 t 检验	
					F	显著性	t	显著性(双尾)
实践能力	汉族	1 154	3.962 8	假定等方差	1.369	0.242	3.233	0.001
	少数民族	72	3.685 8	不假定等方差	—	—	3.842	0
团队合作能力	汉族	1 154	4.212 7	假定等方差	9.371	0.002	1.448	0.148
	少数民族	72	4.097 2	不假定等方差	—	—	1.907	0.06
政治素养	汉族	1 154	4.275 8	假定等方差	13.981	0	1.421	0.156
	少数民族	72	4.159 7	不假定等方差	—	—	2.044	0.044
情绪智力	汉族	1 154	4.008 5	假定等方差	0.277	0.599	0.336	0.737
	少数民族	72	3.981 5	不假定等方差	—	—	0.386	0.701
自我管理能力	汉族	1 154	3.948 9	假定等方差	0.003	0.959	2.993	0.003
	少数民族	72	3.662 0	不假定等方差	—	—	3.279	0.002
领导意识	汉族	1 154	3.953 5	假定等方差	1.624	0.203	1.408	0.159
	少数民族	72	3.800 9	不假定等方差	—	—	1.297	0.198

著影响。最后,在领导意识维度上,尽管汉族学生的得分(3.953 5)略高于少数民族学生(3.800 9),但 t 检验未能显示出显著性差异(t=1.408,p=0.159),表明民族差异对领导意识的影响不显著。

综上所述,民族差异对大学生领导力的不同维度有着不同的影响。具体来说,实践能力、政治素养和自我管理能力等维度在汉族和少数民族学生之间存在显著差异,而在团队合作能力、情绪智力和领导意识方面,民族差异对学生的表现影响较小。结果表明,民族文化背景可能在某些特定的领导力维度上起到重要作用,而在其他维度上的影响则较为有限。

3. 浙江省高校大学生领导力六个维度的年级差异分析

表 5-1-5　浙江省高校大学生领导力六个
维度的年级差异分析

维度		平方和	自由度	均方	F	显著性
实践能力	组间	4.613	3	1.538	3.08	0.027
	组内	609.951	1 222	0.499	—	—
	总计	614.563	1 225	—	—	—
团队合作能力	组间	2.764	3	0.921	2.141	0.093
	组内	525.858	1222	0.430	—	—
	总计	528.622	1 225	—	—	—
政治素养	组间	3.819	3	1.273	2.826	0.038
	组内	550.552	1 222	0.451	—	—
	总计	554.372	1 225	—	—	—

续　表

维度		平方和	自由度	均方	F	显著性
情绪智力	组间	1.03	3	0.343	0.784	0.503
	组内	534.994	1 222	0.438	—	—
	总计	536.024	1 225	—	—	—
自我管理能力	组间	2.273	3	0.758	1.21	0.305
	组内	765.396	1 222	0.626	—	—
	总计	767.669	1 225	—	—	—
领导意识	组间	22.777	3	7.592	9.742	0
	组内	952.34	1 222	0.779	—	—
	总计	975.117	1 225	—	—	—

从表 5-1-5 的结果看,不同年级大学生在领导力的六个维度上存在显著差异。其中,实践能力($F=3.080$,$p=0.027$)、政治素养($F=2.826$,$p=0.038$)和领导意识($F=9.742$,$p<0.001$)均达到显著水平,表明年级因素在这三个维度上具有明显的影响。而在团队合作能力($F=2.141$,$p=0.093$)、情绪智力($F=0.784$,$p=0.503$)以及自我管理能力($F=1.210$,$p=0.305$)这三个维度上,年级间的差异并未达到统计学上的显著水平。

研究结果表明,在实践能力、政治素养和领导意识三个维度上存在显著的组间差异,这意味着大学生的背景特征可能对这些维度的表现产生了实质性影响。而在团队合作能力、情绪智力和自我管理能力维度上,未发现显著差异,意味着在这些维度上,各组间的表现差异可能不大。

4. 浙江省高校大学生领导力六个维度的学生干部经历差异分析

根据表 5-1-6,在对有无担任学生干部经历与大学生领导力六个维度之间的差异进行比较后发现:在实践能力方面,担任学生干部者(M=3.993 6)显著高于未担任者(M=3.900 1,t=2.316,p=0.021),说明干部经历对实践能力具有积极影响。在团队合作能力上,尽管担任学生干部者(M=4.239 9)略高于未担任者(M=4.172 4),但差异未达到显著水平(t=1.801,p=0.072)。在政治素养方面,担任学生干部者(M=4.324 3)同样显著高于未担任者(M=4.214 3,t=2.870,p=0.004),说明干部经历对政治素养的提升具有促进作用。就情绪智力而言,担任学生干部者(M=4.049 3)显著高于未担任者(M=3.965 2,t=2.230,p=0.026),进一步表明干部经历可能与情绪智力的提升相关。自我管理能力方面,两组差异(t=1.955,p=0.051)虽接近显著,但尚不足以得出明确结论;而在领导意识上,担任学生干部者(M=4.046 0)明显高于未担任者(M=3.844 4,t=3.979,p<0.001),显示干部经历对领导意识有显著的促进作用。

综上所述,学生干部经历在实践能力、政治素养、情绪智力和领导意识等维度上均呈现出显著的积极影响,而团队合作能力和自我管理能力的差异则相对不明显或仅具边缘显著性。

第五章　浙江省大学生领导力培养的现状、演变与创新实践　173

表5-1-6　浙江省高校大学生领导力六个维度的学生干部经历差异分析

维度	有无担任学生干部经历	个案数	平均值	方差假定	莱文方差等同性检验		平均值等同性 t 检验	
					F	显著性	t	显著性（双尾）
实践能力	有	609	3.993 6	假定等方差	0.189	0.663	2.316	0.021
	没有	617	3.900 1	不假定等方差	—	—	2.316	—
团队合作能力	有	609	4.239 9	假定等方差	0.196	0.658	1.801	0.072
	没有	617	4.172 4	不假定等方差	—	—	1.802	—
政治素养	有	609	4.324 3	假定等方差	1.304	0.254	2.870	0.004
	没有	617	4.214 3	不假定等方差	—	—	2.871	—
情绪智力	有	609	4.049 3	假定等方差	0.864	0.353	2.230	0.026
	没有	617	3.965 2	不假定等方差	—	—	2.230	—
自我管理能力	有	609	3.976 5	假定等方差	6.451	0.011	1.955	0.051
	没有	617	3.888 2	不假定等方差	—	—	1.956	—
领导意识	有	609	4.046 0	假定等方差	37.616	0	3.979	0
	没有	617	3.844 4	不假定等方差	—	—	3.985	—

三、学校及外部因素对大学生领导力发展的影响分析

1. 学校教育对大学生领导力发展的影响

表 5-1-7　学生参与学校领导力培训项目的情况统计表

	15. 您是否参加过学校组织的领导力培训项目或活动?		
	是	否	合计
人数	598	628	1 226
比例	48.78%	51.22%	100.00%

从表 5-1-7 的统计结果看,学校领导力培训项目的覆盖面虽接近半数,但仍未达到普及水平,且卡方检验显示参与率与未参与率无显著差异。实际情况中,仍有超过一半的学生(51.22%)未参与培训,可能与项目宣传力度、学生兴趣或时间安排等因素有关。为扩大覆盖面并提升吸引力,可通过必修课程或学分激励等方式鼓励更多学生参与,并针对不同需求分层设计培训内容,同时通过线上平台和学生社群强化宣传和口碑传播。此外,要特别注意保障农村学生和非学生干部等群体的参与机会,避免这些普通学生被边缘化。

表 5-1-8　校园文化对学生领导力发展影响的认知调查结果

	16. 您认为学校的校园文化(如社团活动、竞赛等)对您的领导力发展有帮助吗?					
	帮助很大	有一定帮助	一般	帮助较小	几乎没有帮助	合计
人数	259	423	299	147	97	1 226
比例	21.13%	34.52%	24.42%	11.99%	7.93%	100.00%

表5-1-8的数据显示,有21.13%的学生认为校园文化(如社团活动、竞赛等)对其领导力发展帮助很大,另有34.52%的学生认为比较有帮助,总计超过一半(55.65%)的学生对校园文化持肯定态度。同时,24.42%的学生认为帮助一般,11.99%的学生认为不太有帮助,7.93%的学生认为基本没帮助。这说明校园文化虽然能促进多数学生的领导力发展,但部分学生仍感觉获益不多,反映出校园文化建设还需更有针对性和实效性。

表5-1-9　学校开设领导力相关课程情况调查结果

	4. 您所在的学校是否开设了与"领导力"相关的课程?			
	是	否	可能有,但我不确定	合计
人数	220	380	626	1 226
比例	17.94%	31.00%	51.06%	100.00%

根据表5-1-9的调查结果,只有17.94%的学生表示所在学校确实开设了与领导力相关的课程,而31.00%的学生明确表示没有开设此类课程;此外,高达51.06%的学生认为可能有,但对具体情况并不清楚。总体来看,学生对学校是否提供领导力课程缺乏明确认知,这反映出学校在该领域的课程设置或信息传递方面可能存在不足,需要进一步改善和加强宣传。

根据表5-1-10的调查结果,有48.78%的学生表示所在学校与企业或社会组织合作开展领导力培养项目,而26.18%的学生则表示学校没有开展此类合作,另有25.04%的学生对此不清楚。总体来看,虽然近一半的学生反映学校在与外部机构合作培养领导力方面取得了一定进展,但仍有相当比例的学生认为学校未能有效开展或宣传相关项目,显示出在推广和信息传递方面存在改进空间。

**表 5-1-10 学校与企业或社会组织合作开展
领导力培养项目情况调查结果**

	19. 您所在的学校是否与企业或社会组织合作开展领导力培养项目?			
	是	否	不清楚	合计
人数	598	321	307	1 226
比例	48.78%	26.18%	25.04%	100.00%

**表 5-1-11 学校的教师是否具备足够的领导力
知识和经验来指导学生**

	18. 您认为学校的教师是否具备足够的领导力知识和经验来指导学生?					
	非常具备	比较具备	一般	不太具备	完全不具备	合计
人数	172	469	406	157	22	1 226
比例	14.00%	38.28%	33.09%	12.83%	1.81%	100.00%

从表 5-1-11 的调查结果来看,有 14.00% 的学生认为学校的教师非常具备足够的领导力知识和经验,38.28% 的学生则认为比较具备,合计超过一半(52.28%)的学生持肯定态度;同时,有 33.09% 的学生认为教师的领导力知识和经验一般,仅有 12.83% 和 1.81% 的学生分别认为教师不太具备或完全不具备这方面的。总体而言,虽然多数学生对教师在领导力知识和经验方面给予了较高评价,但仍有部分学生持保留意见,这表明学校在加强教师相关培训和经验积累方面仍有提升的空间。

2. 家庭教育对个体领导力发展的影响

从表 5-1-12 的调查结果来看,约 70.07% 的学生认为家庭背景对其领导力的形成和发展具有较大影响,其中45.68%的学生认为影响很大,另有24.39%的学生认为比较有影响;而认为影响较低的学生比例较小,分别有10.44%的学生认为影响一般,9.87%的学生认为不太有影响,9.62%的学生认为基本没影响。总体而言,大部分学生认为家庭背景在领导力培养过程中发挥了重要作用,说明家庭环境对大学生领导力的形成具有不容忽视的影响。

表 5-1-12　家庭背景对大学生领导力形成发展的影响调查结果

	1. 您认为家庭背景对自身领导力的形成和发展有多大影响?					
	影响很大	有一定影响	一般	影响较小	几乎没有影响	合计
人数	560	299	128	121	118	1 226
比例%	45.68%	24.39%	10.44%	9.87%	9.62%	100.00%

表 5-1-13　父母教育对大学生领导力形成发展的影响调查结果

	2. 您的父母是否有意识地培养您的领导力?			
	是	否	可能有,但我不确定	合计
人数	441	299	489	1 226
比例	35.97%	24.39%	39.89%	100.00%

从表5-1-13的调查结果看,35.97%的学生认为父母确实有意识地培养子女的领导力,而24.39%的学生则认为父母没有进行这种培养;另外,有39.89%的学生表示可能有,但对具体情况不太了解。总体来看,虽然有一定比例的学生明确表示父母在培养孩子的领导力,但大多数学生对这方面的家庭教育仍存在不确定或模糊的认知。

表 5-1-14　家庭中兄弟姐妹数量对大学生领导力
形成发展的影响调查结果

	12. 您认为家庭中兄弟姐妹的数量对您的领导力发展有多大影响?					
	影响很大	有一定影响	一般	影响较小	几乎没有影响	合计
人数	465	234	189	210	129	1 226
比例	37.89%	19.05%	15.40%	17.16%	10.50%	100.00%

从表 5-1-14 的调查结果看,37.89% 的学生认为家庭中兄弟姐妹的数量对其领导力发展影响很大,另有 19.05% 的学生认为比较有影响,合计超过半数的学生(56.94%)认为兄弟姐妹数量在其领导力形成过程中发挥了显著作用;同时,15.40% 的学生认为这种影响仅为一般,17.16% 的学生觉得影响较小,而 10.50% 的学生认为基本没有影响。这表明,多数学生认为兄弟姐妹的数量对领导力的发展具有一定的积极作用,但也有部分学生对此影响持保留意见。

表 5-1-15　家庭中父母引导对大学生领导力
形成发展的影响调查结果

	13. 您的父母是否鼓励您参与家庭决策或讨论?				
	经常	有时	很少	从不	合计
人数	202	298	626	100	1 226
比例	16.44%	24.31%	51.09%	8.15%	100.00%

从表 5-1-15 的调查结果看,只有 16.44% 的学生表示父母经常鼓励子女参与家庭决策或讨论,24.31% 的学生认为父母有时会这样做,而高达 51.09% 的学生反映父母很少鼓励子女参与,仅

8.15％的学生认为父母从不鼓励。这表明，多数学生在家庭中缺乏足够的父母引导参与家庭决策的机会，可能对其领导力的形成和发展产生不利影响，也提示家庭在培养孩子领导力方面存在进一步改善的空间。

3. 共青团组织对个体领导力培养的影响研究

表 5-1-16　关于所在学校的大学生领导力情况的调查结果

	3. 您所在学校的学生干部领导能力怎么样？					
	非常好	比较好	一般	较差	非常差	合计
人数	567	357	200	69	33	1 226
比例	46.25％	29.12％	16.31％	5.63％	2.69％	100.00％

从表 5-1-16 的调查结果看，大部分学生对所在学校学生干部的领导力给予了较高评价，其中 46.25％的学生认为非常好，29.12％的学生认为比较好，合计超过 75％的学生持肯定态度；而仅有 16.31％的学生认为一般，另有 5.63％和 2.69％的学生分别认为较差和非常差。这表明学校的学生干部领导力整体状况较为良好，但仍有少部分学生对其表现表示不满，提示学校在提升学生干部领导力方面仍有进一步改进的空间。

表 5-1-17　关于所在学校的团员先进性教育情况的调查结果

	8. 贵校团员先进性教育中是否包含领导力培养内容？			
	是	否	可能有，但我不确定	合计
人数	658	369	199	1 226
比例	53.67％	30.10％	16.23％	100.00％

根据表 5-1-17 的调查结果,浙江省高校团员先进性教育中的领导力培养工作呈现以下特征:超半数学生(53.67%)明确表示所在学校开展了相关培养工作,表明多数高校已将领导力教育纳入团员先进性教育体系;但仍有约三成学生(30.10%)认为学校未开展此类工作,反映出校际资源分配或重视程度存在差异;另有16.23%的学生处于认知模糊状态,暴露出部分学校宣传力度不足或活动形式与学生需求脱节,导致信息传递低效。研究结果显示,当前工作虽然覆盖面较广,但实际效果存在明显的两极分化现象。

表 5-1-18　关于所在学校的学生干部培养情况的调查结果

	7. 贵校共青团学生干部骨干培养中是否开展领导力培养实践活动?			
	是	否	可能有,但我不确定	合计
人数	589	369	268	1 226
比例	48.04%	30.10%	21.86%	100.00%

根据表 5-1-18 调查结果,48.04%的学生表示所在学校在共青团学生干部骨干培养过程中开展了领导力培养实践活动,而 30.10%的学生认为没有开展此类活动,另外有 21.86%的学生对是否开展此项活动表示不确定或不了解。总体而言,虽然近一半的学生认可学校在领导力培养实践活动方面的工作,但仍有相当比例的学生缺乏明确认知或认为学校未开展相关活动,提示学校在活动推广和宣传方面仍有提升的空间。

四、结果讨论

本研究以 2024 年浙江省高校大学生领导力调查数据为基础，通过样本特征和多维度比较分析，系统考察了大学生领导力发展现状及其影响因素。样本数据涵盖浙江省 20 所高校，总样本量为 1 226 人，在性别、民族、年级和学生干部经历等维度上分布均衡，具有良好代表性。具体而言，样本中男性与女性比例相近，汉族学生占绝大多数，同时约一半的学生具有学生干部经历，且低年级学生的比例较高，样本主要集中在杭州市和金华市。这为后续多维度比较分析提供了坚实的数据基础。在领导力六个维度的比较分析中，通过独立样本 t 检验和单因素方差分析，发现不同背景变量对领导力培养具有多层次、多维度的影响。

首先，从性别因素分析显示，除实践能力外，其余维度（团队合作能力、政治素养、情绪智力、自我管理能力和领导意识）未表现出显著差异，表明男女大学生在大多数领导力维度上的差异较小。但在实践能力维度上，男性显著优于女性，这可能与性别角色认知及社会化过程中对实践性活动的不同期待相关。

其次，从民族因素来看，汉族学生在实践能力、政治素养和自我管理能力上显著高于少数民族，而在团队合作、情绪智力和领导意识等维度上，两者则未显示明显差异。这表明民族文化背景可能对某些特定领导力维度具有特定的影响机制。年级差异分析显示，随着年级的提高，学生在实践能力、政治素养和领导意识上有显著变化，而团队合作、情绪智力和自我管理能力则较为稳定。这表明领导力的部分核心能力可能随着教育经验和社会实践的积累逐步提升。与此同时，分析学生干部经历对领导力的影响发现，担任过学生干部的学生在实践能力、政治素养、情绪智力和领导意识等方面均表现出显著优势,验证了学生干部经历对领导力培养的积极作用。

再次,从学校和家庭环境的角度看,尽管 48.78％的学生参与过学校组织的领导力培训项目,且对领导力相关课程的知情度较低,但超过半数的学生认为校园文化(如社团活动、竞赛等)对其领导力发展具有正面作用。同时,近一半的学校与企业或社会组织合作开展领导力培养项目,以及多数学生对教师在领导力指导方面的评价较高,这些因素均为学生领导力的发展提供了外部支持。在家庭教育方面,调查显示,大部分学生认为家庭背景对领导力形成具有重要影响。尽管父母在培养领导力方面存在一定比例的主动行为,但多数学生对此认知模糊。此外,兄弟姐妹数量和父母在家庭决策中的引导均在一定程度上影响了学生的领导力形成发展。

最后,在共青团及学生干部培养方面,超过半数的学生确认学校在团员先进性教育中开展了领导力培养工作,48.04％的学生认为学校组织了共青团学生干部骨干的领导力培养实践活动。

综上所述,大学生领导力的形成是多种内外因素交互作用的结果,包括个体特征(性别、民族、年级及有无学生干部经历)、学校课程设置与培训项目、教师指导、校园文化建设以及家庭教育环境等。尽管部分因素在不同领导力维度上的影响存在显著性差异,但总体上各方面的影响仍有进一步提升的空间。研究结果为高校在优化领导力培养方案、增强实践性学习以及改善内外部支持体系方面提供了实证依据和改进方向,同时也为后续相关理论研究和实践探索奠定了基础。

第二节　浙江省大学生领导力
培养现状的演变①

一、大学生领导力整体水平的变化

根据表5-2-1的数据可以看出,2013年到2024年间,浙江省大学生在领导力的六个核心维度及总体水平上均有显著提升,整体得分从约2.0分跃升至接近或超过4.0分。这表明,高校在大学生领导力培养方面取得了显著进展,尤其是在思想政治教育和社会责任感培养方面,成效显著。

表5-2-1　浙江省大学领导力各维度水平的
比较分析(2013年和2024年)

维　度	均值 (2013)	排序 (2013)	维　度	均值 (2024)	排序 (2024)
团队合作能力	2.0	1	团队合作能力	4.21	2
情绪智力	2.11	2	情绪智力	4.01	3
领导意识	2.2	3	领导意识	3.94	5
自我管理	2.27	4	自我管理	3.93	6
实践能力	2.39	5	实践能力	3.95	4
政治素养	2.42	6	政治素养	4.27	1
总体领导力水平	2.23	—	总体领导力水平	4.05	—

---

① 本节提到的2013年的数据结果均来自本书作者开展硕士学位论文写作时所进行的调查研究。

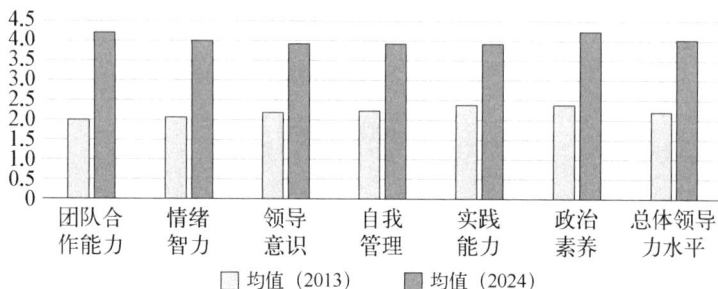

图 5-2-1　浙江省大学生领导力各维度水平的
比较分析(2013 年和 2024 年)

具体来说,政治素养的得分从 2013 年的 2.42 分跃升至 2024 年的 4.27 分,排名也从第六位上升至首位。这表明,高校加强了思想政治教育与社会责任感的培养,特别是"课程思政"和"三全育人"等政策的实施取得了显著成果。在团队合作能力、情绪智力和实践能力等维度上,虽然排名有所波动,但得分都有大幅增长,分别达到了 4.21 分、4.01 分和 3.95 分,显示出高校在协同育人、社会实践、创新创业等领域的资源投入得到了有效回报。特别是在团队合作和情绪智力维度的显著提升,反映出当代大学生对团队合作能力和自我管理能力的高度重视。

然而,尽管领导意识和自我管理能力的得分也有显著提升,分别为 3.94 和 3.93 分,这两个维度的排名仍然相对较低,分别位居第五和第六位。这可能表明,学生在主动承担责任、系统规划个人目标以及自我管理方面仍然存在一定的不足,未来在这些领域的培养还需进一步加强。

综上所述,2013 年至 2024 年间,浙江省高校大学生领导力水平的显著提升,既与高校在政策改革和实践教学方面的深化密切相关,也与社会对大学生综合素质的更高要求相契合。该变化既证实了教育政策的实施成效,又体现了社会对青年领导力发展的诉求,后续需着重提升学生的领导认知与自我调控能力。

二、浙江省高校大学生领导力六个维度的个体特征差异比较分析(2013 和 2024)

表 5-2-2 显示了 2013 年和 2024 年浙江省高校大学生领导力六个维度的性别差异的对比分析,包括情绪智力、领导意识、政治素养、团队合作能力、实践能力和自我管理能力。

表 5-2-2　性别对大学生领导力六个维度的影响的对比分析

维度	性别	2013 年数据			2024 年数据		
		人数	平均值	t 值	人数	平均值	t 值
情绪智力	男	250	2.038 1	−2.421*	576	4.005 8	2.644
	女	237	2.154 6		650	4.007 9	
领导意识	男	250	2.136 0	−1.547	576	3.964 1	0.021
	女	237	2.265 7		650	3.927 2	
政治素养	男	250	2.252 8	−4.762	576	4.270	0.049
	女	237	2.592 4		650	4.268 1	
团队合作能力	男	250	1.955 4	−1.763	576	4.206 4	−0.057
	女	237	2.047 4		650	4.205 6	
实践能力	男	250	2.234 8	−5.106	576	4.003 3	2.644**
	女	237	2.554 0		650	3.896 3	

续　表

维度	性别	2013 年数据			2024 年数据		
		人数	平均值	t 值	人数	平均值	t 值
自我管理	男	250	2.182 0	−1.885	576	3.961 8	0.723
	女	237	2.298 5		650	3.905 6	

注:①"＊"表示 p＜0.05,"＊＊"表示 p＜0.01;② 如果男性组的均值小于女性组的均值,t 值会是负的;如果男性组的均值大于女性组的均值,t 值会是正的。

1. 情绪智力

2013 年:男性平均值为 2.038 1,女性平均值为 2.154 6。t 值为 −2.421,显著性小于 0.05(p＝0.016),说明在 2013 年,男女在情绪智力方面存在显著差异,女性的得分显著高于男性。

2024 年:男性平均值为 4.005 8,女性平均值为 4.007 9,t 值为 2.644,显著性小于 0.05,表明男性和女性在情绪智力方面没有显著差异,且两者得分接近。

2. 领导意识

2013 年:男性平均值为 2.136 0,女性平均值为 2.265 7,t 值为 −1.547,显著性大于 0.05,表明在 2013 年,性别对领导意识的差异没有显著影响。

2024 年:男性平均值为 3.964 1,女性平均值为 3.927 2,t 值为 0.021,显著性大于 0.05,说明在 2024 年,男女在领导意识上的差异也没有显著性。

3. 政治素养

2013 年:男性平均值为 2.252 8,女性平均值为 2.592 4,t 值为 −4.762,显著性小于 0.01(p＜0.01),说明在 2013 年,女性在政治素养维度上得分显著高于男性。

2024 年：男性平均值为 4.27，女性平均值为 4.268 1，t 值为 0.049，显著性大于 0.05，说明在 2024 年，性别对政治素养的差异没有显著影响。

4. 团队合作能力

2013 年：男性平均值为 1.955 4，女性平均值为 2.047 4，t 值为 −1.763，显著性大于 0.05，表明在 2013 年，性别对团队合作能力的差异没有显著影响。

2024 年：男性平均值为 4.206 4，女性平均值为 4.205 6，t 值为 −0.057，显著性大于 0.05，表明在 2024 年，性别对团队合作能力的差异仍然没有显著影响。

5. 实践能力

2013 年：男性平均值为 2.234 8，女性平均值为 2.554 0，t 值为 −5.106，显著性小于 0.01（$p < 0.01$），说明在 2013 年，女性在实践能力方面得分显著高于男性。

2024 年：男性平均值为 4.003 3，女性平均值为 3.896 3，t 值为 2.644，显著性小于 0.05（$p = 0.008$），表明在 2024 年，男性在实践能力上显著高于女性。

6. 自我管理能力

2013 年：男性平均值为 2.182 0，女性平均值为 2.298 5，t 值为 −1.885，显著性大于 0.05，说明在 2013 年，性别对自我管理能力的差异没有显著影响。

2024 年：男性平均值为 3.961 8，女性平均值为 3.905 6，t 值为 0.723，显著性大于 0.05，表明在 2024 年，性别对自我管理能力的差异也没有显著影响。

总体而言，在 2013 年，政治素养和实践能力维度上，男女之间存在显著差异，女性在政治素养上得分显著高于男性，而男性在实践能力方面的得分显著高于女性。但在团队合作能力、领导意识、情绪智力和自我管理能力维度上,性别对这几个维度的影响较小,无显著差异。

根据表 5-2-3,在 2013 年和 2024 年数据中,是否拥有相关经验(如有无担任学生干部经历或是否参与过特定活动)对浙江省高校大学生领导力六个维度有影响。通过显著性和 t 值的分析,可以判断各个维度上是否存在显著差异。

1. 情绪智力

2013 年:有相关经验的学生(391 人)得分为 2.056 4,t 值为 -3.238,显著性小于 0.05(p=0.001),表明有相关经验的学生在情绪智力上显著低于没有相关经验的学生(96 人),其得分为 2.251 4。

2024 年:有相关经验的学生(609 人)得分为 4.049 3,t 值为 2.316,显著性小于 0.05,表明有相关经验的学生在情绪智力上的得分显著高于没有相关经验的学生(617 人),其得分为 3.965 2。数据显示,学生情绪智力得分的提升可能与其实践经验的积累呈正相关关系。

2. 领导意识

2013 年:有相关经验的学生得分为 2.021 2,t 值为 -8.303,显著性小于 0.01(p<0.01),表明有相关经验的学生在领导意识上显著低于没有相关经验的学生(得分为 2.227 5)。

2024 年:有相关经验的学生得分为 4.046,t 值为 1.801,显著性大于 0.05,表明有相关经验的学生在领导意识上的得分与没有相关经验的学生(3.844 4)之间没有显著差异。数据分析显示,随着时间推移,经验因素对领导意识的影响力呈现减弱趋势。

3. 政治素养

2013 年:有相关经验的学生得分为 2.356 5,t 值为 -3.447,

显著性小于 0.01(p<0.01),表明有相关经验的学生在政治素养上显著低于没有相关经验的学生(2.668 7)。

2024 年：有相关经验的学生得分为 4.324 3,t 值为 2.87,显著性小于 0.05,表明有相关经验的学生在政治素养上显著高于相关经验的学生(4.214 3)。这表明随着经验的积累,学生的政治素养得分有所提高。

4. 团队合作能力

2013 年：有相关经验的学生得分为 1.944 3,t 值为－4.388,显著性小于 0.01(p<0.01),表明有相关经验的学生在团队合作能力上显著低于没有相关经验的学生(2.227 5)。

2024 年：有相关经验的学生得分为 4.239 9,t 值为 2.23,显著性小于 0.05,表明有相关经验的学生在团队合作能力上显著高于没有相关经验的学生(4.172 4)。这表明在经历了更多的团队合作后,学生的团队合作能力有所增强。

5. 实践能力

2013 年：有相关经验的学生得分为 2.310 2,t 值为－4.630,显著性小于 0.05(p<0.05),表明有相关经验的学生在实践能力上显著低于没有相关经验的学生(2.715 6)。

2024 年：有相关经验的学生得分为 3.993 6,t 值为 1.955,显著性大于 0.05,表明在实践能力上,性别间没有显著差异。虽然有相关经验学生的得分较高,但差异并不显著。

6. 自我管理能力

2013 年：有相关经验的学生得分为 2.171 4,t 值为－4.472,显著性小于 0.01(p<0.01),表明有相关经验的学生在自我管理能力上显著低于没有相关经验的学生(2.513 0)。

2024 年：有相关经验的学生得分为 3.976 5,t 值为 3.979,显著性小于0.01,表明有相关经验的学生在自我管理能力上的得分显著高于没有相关经验的学生(3.888 2)。这表明随着经验的增加,学生的自我管理能力得到了显著提升。

综上所述,在2013年,部分维度(如情绪智力、领导意识、政治素养、团队合作能力、实践能力和自我管理能力)中,有相关经验的学生与没有相关经验的学生之间存在显著差异,表现为有相关经验学生得分较低。到2024年,几乎所有维度上,有相关经验的学生得分显著高于没有相关经验的学生,尤其是在情绪智力、政治素养、团队合作能力、实践能力和自我管理能力上,反映了相关经验对这些维度的积极影响。

随着时间的推移,大学生在各个领导力维度上的表现有了显著改善,尤其是那些拥有更多实践经验的学生。经验的积累不仅提升了学生的自我管理和实践能力,还增强了他们在团队合作和情绪智力等方面的表现。结果表明,实践经验对大学生领导力的培养具有积极影响,尤其在情绪智力、政治素养和自我管理等方面。

表5-2-3　有无担任学生干部经历对领导力六个维度影响的方差分析

维度	有无担任学生干部经历	2013年数据			2024年数据		
		人数	平均值	t值	人数	平均值	t值
情绪智力	有	391	2.056 4	−3.238	609	4.049 3	2.316*
	没有	96	2.251 4		617	3.965 2	
领导意识	有	391	2.021 2	−8.303	609	4.046	1.801
	没有	96	2.923 8		617	3.844 4	

续　表

维度	有无担任学生干部经历	2013 年数据			2024 年数据		
		人数	平均值	t 值	人数	平均值	t 值
政治素养	有	391	2.356 5	−3.447	609	4.324 3	2.87*
	没有	96	2.668 7		617	4.214 3	
团队合作能力	有	391	1.944 3	−4.388	609	4.239 9	2.23*
	没有	96	2.227 5		617	4.172 4	
实践能力	有	391	2.310 2	−4.630*	609	3.993 6	1.955
	没有	96	2.715 6		617	3.900 1	
自我管理	有	391	2.171 4	−4.472	609	3.976 5	3.979**
	没有	96	2.513 0		617	3.888 2	

注：① "＊"表示 $p < 0.05$，"＊＊"表示 $p < 0.01$；② 负数 t 值意味着有经验的学生在该维度上的得分低于没有经验的学生，表明经验对某些维度（如情绪智力、领导意识、政治素养等）有不同的影响。

三、浙江省大学生领导力变化的成因探索

基于 2013 年与 2024 年的对比数据，浙江省大学生领导力在多个维度均呈现显著进步。接下来将从政策推动、教育实践、社会环境和个体经验等方面探讨这一变化的成因。

1. 政策推动与教育体制改革

近年来，浙江省高校在教育政策和课程设置方面进行了创新和改革，特别是在思想政治教育和大学生领导力培养方面。政府和高校的政策，如课程思政和"三全育人"，旨在通过课堂教学、课外活动以及社会实践等多途径培养学生的综合素质，尤其是在政

治素养和团队合作能力方面取得了显著的进步。数据显示,2024年大学生的政治素养得分为 4.27 分,较 2013 年的 2.42 分实现显著提升(增幅达 76.4%),体现了高校思想政治教育的实效性,特别是在强化社会责任感与国家认同感方面成效显著。

此外,浙江省高校逐步加强了学生干部培养和领导力培训项目,这些政策对大学生领导力的提升起到了积极推动作用。调查结果显示,尽管部分学生未参与领导力培训项目,但超过一半的学生表示校园文化和社团活动对其领导力发展产生了正面影响。因此,政策推动和教育体制改革,特别是思想政治课程的强化和实践教学体系的完善,已成为促进大学生领导力发展的关键驱动力。

2. 教育实践与社会化因素

随着社会对大学生综合素质要求的提升,实践性学习逐渐成为大学生领导力培养的重要抓手。浙江高校通过拓展社会实践平台、深化创新创业教育以及完善学生干部培养体系,取得了显著育人成效。这不仅提升了学生的团队合作能力和自我管理能力,也能帮助学生在面对实际问题时提升解决问题的能力。数据表明,2024 年担任过学生干部的学生在政治素养、情绪智力、实践能力和领导意识等维度上均表现出显著优势,验证了实践经验对领导力的积极促进作用。

同时,社会环境的变化也对大学生领导力的提升产生了重要影响。随着信息技术的普及,学生的思维方式和交流方式发生了变化,社会实践中更强调团队协作和领导能力。社会对大学生综合素质的要求也在不断提高,学校与企业或社会组织的合作为学生提供了更多的领导力培养机会,这种社会化培养模式的协同效应显著提升了大学生领导力发展水平。

3. 个体经验的积累与发展

除外部因素的推动,个体的成长经历同样对领导力水平的提升起到了重要作用。随着教育经验的积累和社会实践的增多,大学生在情绪智力、自我管理能力和实践能力等方面的表现得到了显著提升。2013 至 2024 年的纵向对比数据显示,实践能力与情绪智力等维度呈现跨越式发展,这表明学生通过学生干部任职、团队协作项目等实践平台,系统构建了领导力发展的培养经验体系。

此外,家庭背景对领导力的影响也在一定程度上塑造了学生的领导特质。例如,家庭中父母的教育方式、兄弟姐妹的数量及学生对家庭决策的参与,都会对学生的领导力发展产生影响。调查结果显示,家庭背景对学生领导力的培养具有显著影响,其中父母鼓励子女参与家庭决策和讨论的学生,其领导力表现尤为突出。这种日常实践中的经验积累与家庭支持,为个体领导力的发展奠定了重要基础。

综上所述,浙江省大学生领导力变化的成因是多方面的,既有政策改革的推动,也有教育实践和社会化因素的促进,而个体经验的积累和发展则进一步促进了其领导力的提升。

第三节 浙江省高校大学生领导力
培养的创新实践

在前两节中,我们详细探讨了浙江省大学生领导力培养的现状及近年来领导力水平的显著变化。通过对性别、民族、年级以及学生干部经历等多重背景变量的分析发现,大学生领导力的提升不仅是高校教育改革的重要成果,也是社会实践和个人经验积累的结果。本节将深入分析浙江省在大学生领导力培养方面的创新实践,重点探讨浙江省独特的高校氛围和地域文化特色,并进一步探讨如何在生成式人工智能时代有效培养学生的数字领导力。

一、浙江省高校大学生领导力培养的创新实践

浙江省高校在大学生领导力培养方面不断探索创新,通过课程设计、社会实践与理论学习的有机结合,以及创新创业教育与领导力教育的协同推进,致力于培养具备全球视野、创新能力和社会责任感的新时代领导者。这些创新实践不仅体现了高校教育理念的转变,也为学生提供了更丰富的学习与实践机会,使其能够更好地适应未来社会的发展需求。

1. 领导力课程的创新设计

在浙江省高校领导力教育实践中,课程设计被视为学生领导力发展的关键基础。各高校普遍采用模块化、阶段性和嵌入式相结合的课程构建路径,以实现理论传授、能力训练与人格养成的协同推进。以浙江大学为代表的典型高校,在其课程体系中设立了如《领导科学与艺术》《团队沟通与领导力》《教育领导与管理》等第一课堂理论课程,同时辅以第二课堂中的"大学生领导力提升班""卓越工程师领导力班"等项目式学习,初步形成了从理论学习到实战训练的课程闭环体系。

此外,领导力课程的创新还体现在内容结构与教育理念的融合升级上。一方面,课程内容涵盖领导力基础理论、组织行为与决策心理、冲突管理、公共表达与媒体沟通等多个领域,充分体现出跨学科整合的设计思路。另一方面,教学理念强调学生的主体性与社会参与性,课程设置大量引入案例分析、团队合作、情境模拟、公共议题辩论等体验式教学方法,提升学生在真实或仿真环境中

的领导反应能力与解决问题的综合能力。

以浙江大学工学大类学生为对象的一项实证研究为例,该校针对低年级社会实践团队骨干开展了为期一个暑期的领导力实训课程,分设"理论学习、实务培训、实战演练"三大模块。学员需在团队组建、实践策划、项目执行和总结评估全过程中承担领导职责,课程结业前还需提交反思性自评报告。调研结果显示,该类课程在提升学生团队组织力、决策能力、沟通协调能力方面具有显著成效,且促进了学生自我效能感与责任意识的成长。①

在公安系统干部培训中,浙江警察学院则结合公安领导岗位的职业特性,设计了一系列兼顾政治素养、业务能力与人文素质的教学模块,涵盖依法行政、警务管理、心理调适、危机应对等核心内容,辅以情景模拟、新闻发布训练等实战演练,有效提升了基层公安干部的领导执行力与公共沟通能力。② 此类岗位导向型课程通过创设真实情境的学习环境,重点培养学员的问题解决能力和系统思维,凸显了领导力教育与职业需求的高度契合性。

同时,针对女性大学生群体的领导力发展需求,浙江大学构建了"女大学生领导力提升班"的专项课程体系,通过导师带教、企业参访、主题沙龙、表达实训等综合形式,推动女大学生在自我认知、组织表达与公共责任中的领导意识觉醒。项目十年来累计培养学员近两千名,出版培训成果集《向光而行》,形成了可复制的培养模式。③

---

① 张威.大类培养模式下团队管理在高校社会实践团队骨干领导力提升中的作用——以浙江大学工学大类学生为例的实证研究[J].中国科教创新导刊,2012(29):124-126.

② 翁文,楼一帆.创新与引领:公安基层领导的素质、人文、领导力的全面提高——浙江警察学院承担全国首任公安局长、政委培训工作十一年回眸[J].公安教育,2012(8):7-9+81-84.

③ http://www.cec.zju.edu.cn/2023/1217/c36086a2839295/page.htm。

在课程评估体系建设方面,多所高校创新性地采用了过程性与结果性评估相结合的多元评价机制,通过整合360度评估、自我评价与同伴互评、项目成果展示以及第三方专业评估等多元方式,全面评估和促进学生认知发展、能力提升与价值观塑造的协同进步。课程不仅关注结果导向,更注重过程参与的完整性与教育价值,体现出现代高等教育从知识传授向素质与能力并重培养的范式转变。

综上,浙江省高校在领导力课程的设计上已逐步走向体系化、多样化与场景化发展。其显著特点体现在:一是以目标导向为牵引,实现理论知识与能力素养的有机整合;二是以情境教学为路径,强化领导行为的实战模拟与迁移应用;三是以群体分层为依据,构建多样化教育对象的差异化课程模式。通过以上创新路径的探索与实践,浙江高校逐步形成了具有本土特色的大学生领导力教育体系,为全国范围内的相关课程设计提供了宝贵的实践样本。

2. 社会实践与理论学习的有效融合

在浙江省高校领导力教育体系中,社会实践与理论学习的融合构成了培养学生领导能力的重要支撑路径。高校普遍认识到,单一的课堂传授难以全面提升学生的组织管理能力与问题解决能力,因此逐步将社会实践纳入第二课堂和课程评价体系,通过项目制实践、情境模拟和反思性学习等方式,促进理论知识向实践能力的转化,推动领导素养的实质性发展。

以浙江大学为例,学校将"社会实践"作为领导力教育的重要组成部分,明确提出"以学促行、以行践知"的实践理念。研究表明,在大类培养模式下,低年级学生(特别是大一、大二群体)普遍表现出实践任务应对能力的不足。因此,浙江大学求是学院蓝田学园针对工学大类一年级学生骨干开展了一项系统化的领导力实证培训。该培训包括"团队管理理论课程""实践实务技能培训"及"实战演练与评估"三大模块，旨在通过理论指导与现场操作相结合，提升学生在策划组织、任务分工、协同沟通、冲突处理等方面的综合能力。实训结束后，参与培训的20名学生骨干组建了社会实践团队，深入全国各地开展支教、调研、宣讲等活动。团队成员不仅在个人组织管理能力方面取得显著提升，且在浙江大学暑期社会实践的评比中表现突出，荣获多项集体与个人荣誉。相关数据显示，团队骨干在书面表达、沟通协调、应急应变等方面的能力均有显著提升，其对"领导力"的认知也实现了从抽象概念到具体实践、从感性认识到理性把握的深化。①

公安系统的领导力教育同样注重理论与实战的融合。浙江警察学院在公安局长与政委培训中，将社会调研、模拟演练和现场考察纳入培训全过程。特别是围绕"执法舆情危机""现场指挥模拟""新闻发言人模拟演练"等实训内容，设置实战脚本、进行媒体应对训练，使学员在模拟情境中提升处置复杂突发事件的应变能力与组织协调能力。此外，通过组织参观杭州市公安局及阿里巴巴、海康威视等企业，增强学员对现代化警务信息化的理解与感知，有效促进了理论学习的落地转化。②

值得注意的是，浙江大学在学生党员领导力的培养中也注重通过"党务活动＋社会实践"的协同机制增强理论学习效果。蓝田学园党总支下设的"党素中心"开展了"新四军教育基地"活动、"党

---

① 柳小毅.关于提升低年级大学生党员领导力的实践探索——以浙江大学求是学院蓝田学园为例[J].科技创新导报,2013(20)：200-201.

② 翁文,楼一帆.创新与引领：公安基层领导的素质、人文、领导力的全面提高——浙江警察学院承担全国首任公安局长、政委培训工作十一年回眸[J].公安教育,2012(8)：7-9＋81-84.

支部服务岗""雏鹰展翅"支部共建等项目,推动学生党员在服务社区、志愿调研、红色教育中强化政治意识、组织能力与群众沟通能力,实现理论教育与实践任务的有机结合。

同时,浙江大学女大学生领导力提升培训班亦通过"企业参访、公益服务、情景演练"的路径,引导女性学生在真实社会环境中锻炼领导行为与表达能力。如在第十五期开班中,学员通过角色演讲、模拟会议、圆桌论坛等方式,系统掌握领导力在组织协调、共识凝聚、公共表达等维度的具体应用,既积累了实战经验,也实现了领导效能与社会责任感的同步提升。①

综上,浙江省高校在推进大学生领导力教育实践过程中,日益重视"知行合一"的教学理念,积极探索社会实践与理论教学的融合机制。其突出特点在于:① 构建"项目、课程、评估"闭环结构,确保实践成果反哺课程内容;② 设置实战化训练模块,提供真实任务场景;③ 强调学生自主策划、自我评估、自主提升,实现从"知识接受者"向"问题解决者"的角色转换。这一模式有力推动了理论向实践的转化,既为大学生领导力培养提供了可复制的范例,又构建了知行合一的理论体系。

3. 创新创业教育与领导力培养的有效联动

在推动大学生综合素质提升的过程中,浙江高校普遍认识到,创新创业教育与领导力教育不仅目标契合、路径互通,而且在育人功能上具有显著的协同效应。二者的深度融合,不仅拓展了领导力教育的边界,也有效助力了创新型人才的系统化培养。

---

① 《浙大女大学生领导力提升培训班十周年庆典暨第十五期开班典礼举行》,https://mp.weixin.qq.com/s?__biz=MzAxNDYzNzc0Mg==&mid=2650357159&idx=1&sn=a6973eaf929f21fad70209d6bc162930&chksm=839dd266b4ea5b70c6aba69f8b8885535a48a81094823773087924b26f270b98054b697d3e04&scene=27。

　　浙江大学作为国家"双一流"建设高校,早在 2005 年就将"培养未来领导者"明确纳入人才培养目标,在实施创新创业教育体系的同时,将领导力素质作为学生创业能力培养的重要组成部分。在该校领导力教育实践体系中,多个项目将创新能力、项目组织能力、资源整合能力等纳入领导力核心指标,形成了以"组织策划、项目执行、社会责任"为核心的评价框架。以启真人才学院、青马工程和女大学生领导力培训班等综合育人平台为例,通过引导学生围绕真实社会议题开展"创业式项目",将社会创新与公共服务实践有机融合,有效提升了学生在创业思维、团队协作和公共传播等多维能力的协同发展。①

　　此外,浙江大学将创业项目嵌入第二课堂领导力训练之中,开设"创业沙盘模拟""公共议题创业工作坊"等课程,鼓励学生组建"问题导向型团队"进行创业设计与方案实施。在此过程中,学生既需承担项目负责人的职责,也需完成团队内部的分工协调、资源调度、成果汇报等任务,通过全流程的实践锻炼,显著提升组织领导与问题解决能力。调查显示,这类创业项目有效培养了学生的领导意识和执行能力,部分成果已成功转化为竞赛奖项、公益案例和创业项目。

　　公安系统的干部培训同样体现了创新意识与领导力培训的融合趋势。浙江警察学院在县市公安局长、政委的培训中,特别设有"警务创新管理""社会治理创新实践""新媒体与公安传播"等专题模块,鼓励学员围绕信息化警务改革、智能防控系统建设等议题开展"问题导向型小课题研究",并组织成果汇报展示与跨地区经验

──────────
　　①　陈卫,叶文,周伟辉.高校大学生领导力教育的典型模式及其特点分析——以浙江大学为例[J].教育教学论坛,2019(33):194-196.

交流,强化公安领导干部在现代治理体系中的战略创新思维与组织引领能力。

在浙江大学求是学院蓝田学园的学生党员培养体系中,也通过"党建+创新"的路径强化协同育人成效。学生党支部不仅在组织生活中融入创新议题讨论,如"社会治理参与路径研究""高校党组织服务功能优化设计"等,还鼓励党员骨干参与大学生创新创业大赛、公益项目设计、调研课题孵化等实践工作,使其在"党建引领+项目推动"中形成组织领导力与创新策划力的协同提升。

从本质上看,创新创业教育与领导力教育形成了双向赋能的关系:前者为后者提供了具象化的实践载体,后者则为前者提供了战略视野、组织效能和落地执行的重要支撑。两者在内容上协同、在方法上互补、在目标上契合,构成高校复合型人才培养的"双轮驱动"。例如,通过开设融合课程、建设多学科联合项目组、设立"创领人才培养专项"支持计划等方式,浙江多所高校已初步形成以"创新型领导人才"为目标的教育机制,为推动高校人才培养模式的系统转型提供了现实路径和经验样本。

综上所述,浙江高校通过将创新创业教育与领导力教育进行深度融合,既丰富了领导力教育的应用场景,也提升了学生将创意转化为行动的实际能力。在"双创"政策纵深推进与社会需求动态升级的双重驱动下,高校须建立"创新驱动+领导力驱动"的双螺旋培养模式,这既是提升人才核心竞争力的战略支点,更是推动高等教育内涵式发展的关键路径。

二、地方文化对大学生领导力培养的独特影响

1. 浙江地域文化中的性别平等基因及其领导力赋能机制

在浙江省大学生领导力发展实践中,性别差异的弱化态势显

著,这体现了区域文化中性别平等理念的制度化建构与社会化传播成效。调查显示,男性与女性大学生在各维度领导力表现上十分接近,许多具体方面甚至没有显著差异,这表明性别因素并未对个体领导力发展构成实质性制约。该现象既验证了性别社会化理论在浙江语境下的特殊实现路径,也揭示了教育干预对消解性别刻板印象的显著效用。通过强化性别平等观念和政策支持,浙江省为大学生创造了相对公平的成长环境,鼓励男女学生平等参与各类领导力发展项目,从而为实现教育公平和社会进步奠定了坚实基础。

浙江地域文化中独特的性别平等基因,是长期演化的产物。从制度分析的视角来看,其赋能机制通过"价值系统、制度安排、行动者网络"的协同作用,重构了领导力培养的文化生态。这个过程打破了传统性别分工的路径依赖,形成了以能力本位为核心的文化资本再生产机制。从思想源流层面看,浙东地区独特的文化为现代性别平等理念的形成提供了深厚的历史积淀。传统儒家文化虽然在理论上对男女角色有所区分,但在实际运作中,地方学者和商人不断突破这种固有框架,倡导以能力和实践为核心的评价体系。例如,明清时期浙东学派提出的"工商皆本"理念便在一定程度上解构了传统儒家的"男主外、女主内"观念,为女性在社会经济活动中的参与奠定了文化基础。此外,随着现代化进程的加速,浙江省政府和各高校积极推动社会公平与性别平等,出台并实施了一系列促进教育、就业和创业公平竞争的政策措施。这些政策不仅改善了大学生的成长环境,也为领导力培养注入了更多元化的发展路径,促使基于性别的能力差异趋于消弭。

在这种历史传承与现代制度创新的有机结合下,浙江省高校在领导力培养过程中不断探索和实践,将性别平等理念融入课程改革与实践项目。例如,浙江多所高校在领导力课程中创新性地设置了性别平等专题研讨、案例分析及实地考察等教学环节,使学生在理论学习与实践中,通过无差别的参与体验,切身认识到领导力发展不应受性别因素制约的现实可能。这些实践超越了单纯的教学改良,实质是对"领导力"内涵的重新定义——通过将平等理念融入领导力培养的认知架构,为社会发展注入新的可能性。

综上所述,浙江地域文化通过历史传承和现代制度的双重作用,不仅在理论与实践中重塑了领导力培养的文化生态,也为当代大学生提供了平等发展的平台。正是在这种文化背景和政策支持下,性别不再是制约大学生领导力发展的明显因素,而是转化为推动个人全面发展的积极动力。

2. 学生干部的组织制度与浙江人文精神的互动效应

从组织实践层面来看,浙江高校高度重视学生干部制度建设,将其作为大学生领导力培养的重要平台。通过设立学生会、社团联合会、公寓管理团队、"党员之家"等多元组织岗位,学生有机会广泛参与到校园治理、公共事务与社区服务当中。在实际运行中,这些组织岗位涵盖了组织协调、事务管理、团队建设等复杂任务,要求学生具备良好的系统思维、资源整合能力和执行力,从而在任务驱动中不断实现领导能力的发展。浙江大学城市学院的"党员之家"制度便是典型代表,通过组织结构扁平化、职责模块化,实现了学生自我教育、自我管理、自我服务的深度融合。①

此外,高校普遍重视通过"情境嵌入"策略将学生干部置于真实、复杂的组织环境中,借助任务分配、团队冲突、跨部门协调等动

---

① 张如仟.高校"党员之家"学生干部培养机制的探索与研究——以浙江大学城市学院为例[J].现代职业教育,2019(4):190-191.

态情境,锻炼其在"指挥、协商、授权"等多种领导风格中的灵活运用能力,强化了学生干部从"事务执行者"向"公共领导者"的转型意识。这种培养路径体现了社会学习理论中"在实践中转化知识"的理念,也为大学生领导力的个性发展提供了有力支撑。

从文化社会学视角看,浙江特有的"经世致用"传统与当代创新创业精神,共同构成了高校学生干部制度运行的文化场域。浙江文化以"实干、创新、责任"为核心价值导向,这一价值观在高校学生管理制度中通过仪式活动、特色课程和实践项目等形式,系统性地塑造着学生干部的价值认知。学生在参与组织任务的过程中,不仅学习了团队协作、组织表达等技术性能力,更在"群体意识""集体责任""公共服务"中接受了本土价值的认同与再生产,实现了从"校园角色"向"社会角色"的精神跃迁。

在机制层面上,浙江高校普遍建立了系统化、阶段性的学生干部成长路径。如浙江大学城市学院采用"选拔、培训、锻炼、评估"的闭环机制,构建以"理论学习、实践锻炼、交流反馈"为核心的三位一体的学生干部培养模式。公寓系统内设立"党员之家"、宿生会、党建工作站等多层级组织,通过岗前培训、阶段评估、横向交流等方式,提升学生干部在不同环境中的组织力与引领力。而研究表明,这种系统性经历显著提升了学生的职业适应力与公共责任感,更使其在毕业后展现出持久的就业优势与卓越的社会适应能力。[①]

综上,浙江高校通过科学合理的组织制度设计、深植本地文化的价值引导与体系化的实践平台搭建,构建了一整套具有区域文化烙印的学生干部领导力培养体系。这不仅塑造了学生在组织情

---

① 张如仟.高校"党员之家"学生干部培养机制的探索与研究——以浙江大学城市学院为例[J].现代职业教育,2019(4):190-191.

境中的实务能力,也在精神层面完成了从"学习者"到"服务者"的身份跃升,为我国高校探索公共领导力教育提供了具有现实可行性的制度样本与文化支撑。

3. 地方文化对学生领导力发展的影响机制

地方文化既是育人工作的精神土壤,更是领导力培养的特色资源,通过将文化优势转化为教育优势,形成独具特色的领导力内涵式发展模式。在浙江这一具有强烈区域文化标识和高度创新精神的地区,高校领导力教育与地方文化形成结构性耦合,既拓展了实践育人的现实载体,也锚定了价值培育的文化坐标。

首先,浙江文化催生"政产学研"联动的创业生态,使领导力培养扎根实体经济土壤。根据《浙江省人民政府办公厅关于推进高等学校创新创业教育的实施意见》①,政府推动形成了"项目抚育、政策扶持、平台孵化"的三位一体支持体系,鼓励高校建设创业学院、科技园区和项目孵化平台。在这一政策支持下,大学生广泛参与跨校创业团队、社会项目孵化和科研转化活动,增强了在高风险、不确定情境下的复杂情境应对力与系统领导胜任力。学生在创业实践中培养的领导力,突出表现为优秀的资源整合、快速应变和团队合作能力,彰显出"创业型领导者"的鲜明特质。

其次,从"四千精神"到"共富使命",文化价值观转化为社会责任培养体系。作为传统儒家文化与现代市场意识并存的地区,浙江高校普遍将公益实践、乡村振兴、生态文明建设等议题嵌入第二课堂和实践教学中。学生通过参与"梦想课堂""三下乡""青年红色筑梦之旅"等公益实践项目,在基层服务、民生调研、公益项目管理中形成了深厚的公共意识。这种从"服务参与者"向"社会引导

① https://www.zj.gov.cn/art/2016/1/19/art_1229017139_56376.html。

者"的身份跃迁,促使大学生在领导行为中主动承担组织责任和社会价值回应的角色,体现出以"服务型领导"为核心的价值导向。

最后,借力开放传统,构建"本土情怀＋国际规则"的跨文化领导力课程模块。高校通过与"一带一路"沿线国家高校联合设立跨文化协同创新项目、全球议题暑期学院、多语种商业模拟竞赛等形式,构建全球化的领导力实践平台。通过跨文化场域的实践参与,学生在冲突管理、文化敏感性和全球团队协作等方面获得显著提升,呈现出从地方性领导力到全球性领导力的转型特征。

更为重要的是,这些文化因素并非以外在灌输方式介入,而是通过"文化嵌入、组织实践、价值转化"的螺旋机制内化为学生的领导行为。浙江高校依托地方文化优势,探索构建以文化认同为支撑、制度建设为框架、项目实践为载体的领导力生成路径,在领导者成长过程中实现从认知、情感到行为的协同演化。

综上所述,浙江高校学生领导力的形塑过程,呈现制度性培育与文化性涵化的双重逻辑。前者通过课程体系与组织制度提供结构化支撑,后者借助地方性知识与非正式规范实现价值渗透。地方文化作为软性引导力,通过支持创新生态、强化社会责任、拓展国际视野三大维度,推动学生在实践中完成从"参与者"向"引领者"的转变,为我国构建本土化、系统化的高校领导力培养机制提供了文化逻辑与制度支撑。

三、生成式人工智能时代大学生数字领导力培养的未来展望

随着以人工智能为核心的第四次工业革命持续推进,技术力量对教育模式、组织结构与领导行为均产生深远影响。为此,浙江省高校积极回应数字化社会发展需求,探索构建"人工智能＋领导

力"的复合型教育体系,力求在数据驱动、技术赋能与人文关照之间实现深度融合。

首先,浙江高校致力于构建跨学科、跨技术边界的课程体系,推动 AI 基础、算法伦理、数据治理与战略决策等模块的深度融合。在教学实践中,浙江大学、杭州电子科技大学等高校开设了"智能决策模拟系统""AI 领导力实验课"等模块,引导学生在复杂系统中运用算法工具展开问题建模与多方案推演,从而训练其数据思维、战略判断与系统管理能力。

其次,浙江高校高度重视产教融合与校企协同机制建设,依托阿里巴巴、海康威视、DeepSeek 等头部科技企业,组织学生参与人工智能研发、智能系统部署与数字技术治理等前沿领域实战项目。该实践路径通过"做中学、做中思"推动学生在不确定与快速迭代环境中锤炼智能决策与资源整合能力。这不仅提升了学生的数字领导力适应性,也培养了其在未来组织中基于智能工具展开"集体领导"的核心素养。

此外,在全球科技竞争背景下,浙江高校积极尝试构建 AI 领导力的国际化育人路径,推动"一带一路"框架下的高校联合课程、双语项目、国际实训与跨国研究计划。这种国际协同机制强化了学生的全球数字伦理意识与跨文化数据治理能力,契合全球领导力教育的核心理念,强调技术领导者不仅是问题解决者,更是文明互鉴的价值协调者。通过与世界一流高校、科技组织的合作,浙江高校正在培养一批具有人文情怀、伦理判断与科技战略能力的"跨系统数字领导者"。

最后,浙江高校正探索基于 AI 的个性化领导力发展模型,如"数字领导力画像系统"。通过追踪学生在团队协作、危机处理与项目管理中的行为数据,建立动态成长档案,推动从选拔到培养的育人模式升级。这彰显了高校全过程育人、动态评估、智能支持的现代化教育理念。

综上所述,在人工智能迅猛发展的时代背景下,浙江省高校正通过构建"科技赋能、系统决策、全球视野"三位一体的数字领导力教育模型,为中国的数字文明建设和全球领导力教育提供了可复制的"浙江方案"。通过智能技术赋能、跨域协同创新与价值伦理引领的有机融合,浙江高校正在推动新时代青年从"数字工具使用者"成长为"战略型技术引领者",为国家科技战略实施与全球数字治理提供坚实的人才支撑。

第六章
新时代大学生领导力培养的实践路径探析

习近平总书记指出,"青年兴则国家兴,青年强则国家强"。[①]这一判断深刻揭示了青年在国家和民族发展中的重要作用。时代赋予青年群体以崇高的历史使命与时代重托。因此,加强大学生领导力培养既是提升大学生综合素质的重要举措,也是推进教育科技人才一体化协同发展的有效途径。

第一节　更新家校教育的领导力
培养理念

当前,高等教育人才培养模式虽持续深化改革,但在家校联合培养大学生领导力方面仍有可发展的空间。习近平总书记强调指出,"历史和现实告诉我们,家庭的前途命运同国家和民族的前途

---

① 习近平.论党的青年工作[M].北京:中央文献出版社,2022:146.

命运紧密相连"。① 家庭是每个人成长的第一站,不仅是大学生形成价值观的重要土壤,也是培养领导力的起点。

一、增强培养大学生领导力的思想意识

领导力作为新时代青年的必备素质,是个体在激烈竞争中脱颖而出的关键要素。传统的高等教育管理实践长期将领导力培养的重心放在学生干部群体上,使得普通学生缺乏参与的机会。因此,为了转变这一思想认识,必须增强培养全体大学生领导力的意识,可以从以下三方面着手。

(一)构建培育大学生领导力的精神文化育人场域

一方面,高校校园文化作为办学理念、育人导向和培养目标的集中体现,是培养大学生领导力的重要载体。因此,应充分发挥校园文化的熏陶、教化、激励的作用,着力提升全校师生对领导力培养的价值认同,通过创新载体建设强化育人意识,将领导力培养融入高校文化建设的各个环节。

校园文化建设可以通过以下几个具体措施来推动领导力培养意识。一是搭建新媒体平台,如微信公众号、微博、抖音等,利用线上渠道普及领导力教育,强化领导力教育的时代意识;二是通过组织多样化的校园文化活动,如团体比赛、志愿者服务等,提升学生的参与度,深化领导力培养的参与意识;三是利用智慧教育技术,打造互动式学习平台,为学生提供更多创新型、互动性的领导力学习机会,提升领导力培养的创新意识;四是建立健全校园领导力培养相关制度,确保教育资源和实践机会的持续供给,巩固领导力培

---

① 习近平.论党的宣传思想工作[M].北京:中央文献出版社,2020:281.

养的长效意识。

另一方面,在以中国式现代化全面推进中华民族伟大复兴的历史进程中,家庭家教家风建设的重要性日益凸显。"家庭是孩子的第一个课堂,父母是孩子的第一个老师。"①提升家庭在大学生领导力培养中的责任意识,不仅是落实习近平总书记关于家庭教育和家风建设重要论述的具体体现,也是推动个体领导力形成与发展的关键环节。

家庭作为大学生领导力培养的第一课堂,应当切实增强责任意识,充分认识到领导力教育在促进子女全面发展中的关键作用。一是深化认知意识,主动学习领导力教育的内涵与价值,准确理解情绪管理、有效沟通、决策引导等对子女成长的深远影响。二是强化示范意识,家长要在家庭中培育和践行社会主义核心价值观,倡导爱国、敬业、诚信、友善的理念。三是提升实践意识,将领导力培养有机融入家庭教育场景,通过平等对话、问题讨论等方式,培养子女独立思考和自主决策的能力。四是增强协同意识,主动与学校和社会形成教育合力,共同构建支持子女领导力发展的联动网络。

(二)构建大学生领导力发展的物质支持体系

构建完善的大学生领导力发展的物质支持体系,既需要学校通过制度建设和资源配置提供有力保障,也离不开家庭在物质投入和环境创造上的支持与配合。

一方面,学校要构建大学生领导力发展的物质保障体系,应从增强培养意识入手,依托系统性的资源投入,将领导力培养纳入

---

① 习近平.论党的青年工作[M].北京:中央文献出版社,2022:86.

整体资源配置框架，重点加强实践平台建设、培训体系优化和制度保障等。一是完善实践育人平台建设，增加对社会实践基地、科研创新项目、创业孵化平台等重点领域的专项投入，确保学生在真实场景中深化对领导力的认知，培养其实践能力。二是优化培训体系供给，设立专项领导力发展专项基金，建设数字化学习平台，利用可触达的资源为师生提供支持，强化全员参与的意识和能力，拓宽领导力培养的覆盖面。三是健全制度保障机制，将领导力培养的实际成效纳入办学评价体系，建立灵活、动态的资源分配机制，以刚性制度确保领导力培养理念的有效落地与执行。

另一方面，在家庭方面，父母应充分认识到领导力培养的重要性，通过具体的物质保障，为子女的领导力发展提供必要的资源与支持，具体包括培养经费的设立、学习环境的优化和资源对接机制的建立。一是设立专项培养经费，将领导力培训支出纳入家庭教育预算，支持子女参与高质量的校外实践活动和技能课程。二是优化家庭学习环境配置，配备必要的硬件设施、数字化工具和管理软件，为子女的日常领导力训练提供坚实的物质保障，激发其潜能。三是建立资源信息对接机制，主动收集和筛选学校及社会提供的领导力培养资源，找到适合子女发展的平台。

（三）培育促进大学生领导力发展的差异化培养意识

大学生领导力的内涵丰富，但是培养大学生领导力的过程中也要兼顾个体的差异性。因此，培育促进大学生领导力发展的差异化意识，可以从以下两方面着手。

一方面，高校在推进大学生领导力培育的过程中，要强化促进大学生多元发展的意识、分层分类指导的意识以及评价反馈意识。

要认识到学生个体的多元发展趋势,将领导力教育培养与个体的专业教育、校园活动实践,以及创新创业等比赛项目有机结合。要认识到不同年龄段、不同专业学生的差异化特点,注重分类指导并建立学生领导力素质档案,实施个性化培养方案;要注重领导力培养过程中的评价反馈,完善领导力发展自评、他评的测评体系,形成完整的领导力培养链条。

另一方面,家庭在培养子女领导力的过程中,要增强价值引领意识、合作发展意识、反思提升意识。家长要充分认识到家庭文化氛围对子女价值观形成的影响,在家庭文化中融入爱国、敬业、诚信、友善的公民价值观念,提升价值引领意识。家长在日常的家庭教育中,应当充分重视生活实践对培养子女团队合作能力的重要作用。团队合作能力作为个体领导力发展的核心要素之一,也可以通过家庭实践活动得以提升。同时,家长在教育过程中要特别注重引导子女进行反思总结,这一环节对个体领导力的形成具有关键性作用。

世界上没有相同的两片叶子。培养大学生领导力,不是打造完全一样的模板,而是要兼顾个体差异,因材施教,促进大学生整体的领导力得到全面提升。

二、加强大学生领导力培养的投入力度

当前,大学生领导力培养在高等教育体系中还未形成系统化、常态化的体制机制,多数高校未将其纳入重点教育范畴。同时,家庭教育场域中普遍存在领导力培养意识薄弱的现象,虽然部分多子女家庭可能基于家庭教育经验有所重视,但整体而言未形成普遍共识。因此,要从以下三个层面推进,加强大学生领导力培养的投入力度。

（一）强化组织领导意识，加大制度性投入

为强化组织领导意识，需从制度层面系统构建大学生领导力培养体系。首先，加强师资队伍建设，重点提升思政教师队伍的专业化水平，通过定期培训、思政工作坊等形式强化教育队伍的培养能力，为学生成长提供优质的师资支持环境。其次，要完善课程体系建设，将领导力教育纳入人才培养方案，开设必修与选修相结合的课程模块，采用案例教学、情景模拟等教学方式，系统提升学生的领导力理论素养。再次，须健全组织支持体系，完善对学生组织的制度保障，在活动经费、场地资源、专业指导等方面提供支持。最后，要建立质量监控机制，形成包含过程性评价和结果性评估的质量保障体系，通过动态反馈机制持续优化制度性投入。

（二）优化资源配置意识，加强基础性投入

一方面，高校须优化资金、平台、硬件等资源配置，为领导力教育增加基础性投入。其一，设立专项培养基金体系。通过整合校企合作资源、争取社会捐赠等方式建立领导力发展专项基金，重点支持课程开发与实践项目运营。例如"领导力训练营"等项目可依托基金推进常规运营。其二，构建协同育人平台。与优秀校友企业共建实践基地，开发带薪实习岗位，促使学生在真实工作场景中提升领导力。其三，完善基础设施配置。根据学生能力发展需求，配置领导力发展工作室、数字化教学设备等硬件资源，为大学生领导力实践提供物质保障。其四，健全资源分配机制。例如通过问卷调研、座谈交流等方式确定各学生组织的经费支持额度，重点扶持具有示范效应的学生领导力品牌项目。

另一方面，家庭层面的基础性投入应遵循适度可行原则，重点构建生活化、可落地的支持体系。其一，可通过建立家庭教育时间账户,定期开展家庭议事会、角色模拟等活动,在零成本投入中培养子女的沟通协调能力,例如由子女轮值主持家庭事务讨论会,统筹家务分工与家庭采购计划。其二,准确把握家庭事务中可以培养子女领导力的契机。将日常家务管理转化为领导力实践场景,如指导子女制定月度开支预算或策划家庭活动方案,培养子女在生活实践中提升领导决策能力。要主动整合社区公共资源,鼓励子女参与社区志愿服务、邻里互助等项目,借助公益社会平台提升领导力。其三,需优化家庭教育消费结构,在可支配预算中设立领导力培养专项,优先支持子女参与学校社团、公益实践等低成本高收益活动。

（三）深化家校合作育人意识,推进专项性投入

首先,构建专项诊断的家校合作培养体系。针对当前学生领导力培养中存在的评价维度单一、数据碎片化问题,要建立基于学校专业评估、家庭行为观察与学生自我评价的专项诊断体系。学校依托标准化领导力测评量表开展精准评估,家庭通过结构化《领导力成长档案》进行日常行为追踪,学生定期提交自我评估报告。教育大数据平台运用智能算法对三方数据进行交叉验证,识别学生个体发展短板。比如,针对决策能力测评低于阈值的学生,为学生提供《公共危机决策模拟》《团队领导力沙盘推演》《社区治理案例分析》等课程资源、家庭事务轮值岗位及数字化决策反思工具,做到资源的匹配性投入。

其次,打造家校合作的专项供给培养模式。针对学生存在理论认知与实践能力脱节的问题,学校可为学生提供政治素养培训课程与团队合作的实训项目,家长可为子女提供领导力提升的任务表,包括制定家庭会议的标准化流程、社区服务项目的参与等内

容。家校数字协同平台实时体现大学生的能力发展曲线,动态调整理论教学的强度与实践任务的难度,确保每项培养经费投入与学生当前发展水平的相匹配。

最后,完善家校专项反馈的联动评估机制。针对传统评估存在滞后的问题,构建基于社会主义核心价值观的反馈模型。通过第三方专业机构实施动态评价,测量实践能力、情绪智力、团队合作能力、政治素养等。

综上所述,要在家校教育中有效推进领导力培养,必须重视三个层面的投入。制度性投入是保障,基础性投入是支撑,专项性投入是关键。虽然专项性投入在实施过程中可能存在操作难度,但树立个性化培养的理念意识是提升大学生领导力培养实效的重要前提。

三、尊重大学生领导力发展的个体差异

"实现人的解放"是马克思主义理论的核心要义。人的解放必然离不开个体自由而全面的发展。因此,家校教育在培养子女领导力的过程中,务必要树立尊重个体差异化发展的理念,从突破传统评价体系的瓶颈、解决资源分配不均的问题、实现人的全面发展目标的层面出发,更新家校教育中的领导力培养理念。

(一)突破传统评价体系的瓶颈,尊重大学生领导力发展的个体性差异

传统评价体系通常以量化指标为主,如考试成绩、学分绩点等,这种单一的评价方式难以全面考查学生在领导力发展中的表现。因此,要建立多元化的评价机制,既要关注共性指标,也要重视个性特质,为不同背景、不同特长的学生提供差异化评价体系。例如,可以设计多元化的评价指标,包括团队合作能力、情绪智力、

政治素养等。

（二）缓解"出生决定论"的社会性心理，尊重大学生领导力发展的文化性差异

要为少数民族学生、不同生源地学生等提供定制化的培养方案，通过民族文化融合课程、跨文化交流项目等方式，消解地区发展不平衡、不充分在教育中存在的问题。

首先，应充分挖掘不同民族与地域文化的独特价值，将文化差异转化为领导力培养的重要教学资源，例如民族文化中的集体合作意识、成长环境塑造的逆境应对能力、不同教育经历培养的自律与目标感等。

其次，要依托课程设计和教学活动促进文化的交流与融合。构建多层次、全方位的文化交流平台，通过民族文化主题研讨、跨文化团队项目、成长经历分享等形式，提升大学生的领导力，把文化差异创造性转化为个体领导力发展的重要动力。

最后，要关注并解决地区发展不平衡不充分带来的教育资源差异问题。缩小因地区发展不均衡导致的教育资源差距，完善补偿性教育机制。要通过专项奖助学金、学业能力提升计划、适应性培训等举措，增强欠发达地区学生的综合竞争力。同时，需突破贫困家庭背景对认知发展的结构性制约，统筹推进心理健康干预与教育资源补偿机制建设，消解"出生决定论"衍生的社会心理效应。

（三）实现人的全面发展的目标，尊重大学生领导力发展的阶段性差异

要遵循人才的成长规律，根据不同年级、不同发展阶段学生的特点，构建循序渐进的培养体系。

首先,根据不同年级学生的特点,构建分层分类的培养机制。大一新生正处于中学向大学的过渡期,领导力培养应突出环境的适应能力,可多开展自我管理和人际沟通方面的训练。到了高年级阶段,特别是大四,应重点培养政治素养和实践能力,强化个体的责任担当,提升领导力。

其次,根据大学生成长规律,构建递进式的领导力课程体系,系统设计与成长阶段相匹配的课程内容。低年级阶段应多侧重基础理论,开设领导学导论、组织行为学等课程;中高年级阶段应深化课程难度,增设高级领导力、战略领导力等课程,辅以案例分析、项目实践,提升学生解决复杂问题的能力;高年级阶段可拓展至专题研讨、实习实训等高阶课程,搭建校企交流平台,促进学生在工作实战中深化认知,推动个体领导力实现跃升。

最后,搭建多元成长平台,健全支持保障体系。要统筹校内外的教育资源,打造多样化实践载体,确保各类学生都有展示与锻炼的机会。一方面,鼓励学生积极参与学生组织、社团联合会等,积累学生工作的经验;另一方面,拓展校企合作和校外实习基地,提供真实的职场体验,促进理论与实践的有效衔接。

综上所述,尊重大学生领导力发展的个体差异涉及很多方面,比如成长环境、个性特点、年龄阶段等。但无论是个性特质差异、文化背景差异还是发展阶段差异,都应当在家庭学校协同育人的总体框架下构建分层培养机制,通过系统整合差异要素,将其嵌入领导力的全周期培养链条。

四、树立家校社协同培养领导力的观念

2019 年 3 月 18 日,习近平总书记在学校思想政治理论课教师座谈会上的讲话中强调指出,思政课的学习效果和家长、家庭、

家风的作用密切相关,要注重家校合作。大学生领导力六维模型中的政治素养与思政课的培养目标紧密相关。因此,要构建家校社协同育人机制,将思想政治教育与领导力培养目标进行价值耦合,通过课程思政与家庭教育的双向赋能,实现政治素养培育的场域延伸。

一方面,解决社会对于家校协同培养的认同度低的问题。目前,社会上对家校协同培养领导力的重视程度还不够,缺乏广泛的舆论支持环境。因此,需要加强宣传教育,提高社会各界对家校协同培养个体领导力重要性的认识。家校协同共育是新时代教育强国建设的必然要求,是推进教育强国的战略任务。因此,学校、家庭和社会应共同努力,形成合力,为家校在协同培养领导力创造良好的社会环境。

另一方面,解决家校合作意识不足的问题。部分家长和教师对家校合作培养领导力的意识较为淡薄,以致家校合作的效果不佳。许多家长认为教育孩子主要是学校的事情,自己只需提供物质生活保障,因而缺乏参与学校教育的意识。因此,突破传统的家庭教育观念是实现家校社协同育人的首要条件。家校教育主体间形成的价值共识,进而达到目标一致是提升家校合作效能的基础性工作。鉴于此,要构建制度化的沟通平台,通过专题培训体系设计与合作论坛机制创新,实现教育主体从认知唤醒到行为转化的系统性提升,有效激活家庭与学校的育人主体性,形成领导力培养的可持续动力机制。

综上所述,家庭、学校与社会作为个体成长发展的三大核心场域,构建三位一体的协同育人机制是当前领导力教育领域的重要课题。大学生领导力的成长离不开学校的系统教育,也离不开家庭、家教、家风的浸润,更离不开社会大环境的支持。

第二节　完善大学生领导力的培养内容

教育是国之大计、党之大计。党的二十大报告指出,"青年强,则国家强。当代中国青年生逢其时,施展才干的舞台无比广阔,实现梦想的前景无比光明。全党要把青年工作作为战略性工作来抓,用党的科学理论武装青年,用党的初心使命感召青年,做青年朋友的知心人、青年工作的热心人、青年群众的引路人"。[①] 如何更好地把青年团结起来、组织起来、动员起来,为实现第二个百年奋斗目标、实现中华民族伟大复兴的中国梦而奋斗,是新时代青年工作必须回答的重大课题。完善大学生领导力的培养内容正是新时代青年工作的主要内容。

一、政治素养的提升

根据前文对政治素养的定义,以及结合调查研究中大学生政治素养的得分结果(4.19 分)可知,政治素养是大学生领导力六维模型的思想根基,为领导力发展提供方向引领和价值支撑。它确定了领导实践的伦理边界和社会导向,并影响大学生领导者在复杂环境中能否做出符合时代要求和社会期望的决策。因此,提升大学生的政治素养,可以从以下几方面着手。

（一）强化理论武装,树立正确的政治观点

习近平总书记指出,"为什么中华民族能够在几千年的历史长

---

① 《党的二十大报告辅导读本》编写组.党的二十大报告辅导读本[M].北京:人民出版社,2022:64.

河中顽强生存和不断发展呢？很重要的一个原因，是我们民族有一脉相承的精神追求、精神特质、精神脉络"。① 因此，"要着力讲好党的故事、革命的故事、英雄的故事，厚植爱党、爱国、爱社会主义的情感，让红色基因、革命薪火代代相传"。② 换言之，培养大学生政治素养，关键要加强理论武装，要树立正确的政治观念。

强化理论武装的关键路径，在于深化马克思主义理论研究与"马克思主义理论研究和建设工程"（简称"马工程"）课程体系建设。作为落实立德树人根本任务的主渠道主阵地，思想政治理论课建设始终与党的教育方针同频共振。早在新民主主义革命时期，我党创办的苏维埃大学、陕北公学等干部院校已系统开设马克思主义理论课程；中华人民共和国成立初期，《马列主义基础》《政治经济学》等课程被确立为高等教育必修科目；改革开放后，党中央先后出台16项专项文件推进思政课改革创新，构建起与时代要求相契合的课程体系。新时代背景下，更需赓续这一红色基因，通过课程思政与思政课程的协同发力，推进大中小学思政一体化建设，强化政治理论武装，提升大学生的政治素养。

引导大学生确立正确的政治观念是中国共产党推进"马工程"系列课程的根本出发点。当前，思政课教师队伍力量不足，大中小学思政课的体制机制尚不健全，课程认识不到位，课堂教学效果亟待提升。习近平总书记指出，办好思政课面临不少问题，但最关键的是要解决信心问题。在持续推进"马工程"课程走深走实的过程中，要充分调动思政课教师的积极性、主动性、创造性，切实发挥政治立场坚定、情怀深厚、思维新颖、视野开阔、纪律严明、人格正直

---

① 习近平.论党的青年工作[M].北京：中央文献出版社，2022：82.
② 习近平.论党的青年工作[M].北京：中央文献出版社，2022：101.

的思政教师主力军作用。同时,要不断增强思政课的吸引力与实效性。一门真正有吸引力、有启发性的思政课,应实现政治性与学理性的统一、价值性与知识性的统一、建设性与批判性的统一、统一性与多样性的统一,努力打造学生真心喜爱、终身受益的"金课"。

由上可知,唯有持续推进马克思主义理论武装和思政课程创新发展,才能不断提升大学生的政治素养,帮助学生树立正确的政治观念。

(二)筑牢思想根基,坚定正确的政治立场

践行社会主义核心价值观是新时代青年应有的底色。社会主义核心价值观的内核就是要将爱党、爱国和爱社会主义相结合。青年树立和践行社会主义核心价值观,就是坚持发扬"听党话、跟党走"的历史传统。习近平总书记指出,"人类社会发展的历史表明,对一个民族、一个国家来说,最持久、最深层的力量是全社会共同认可的核心价值观"。① 这是对新时代青年的殷切期许,也是构建和塑造新时代青年核心价值观的应有之义。鉴于此,大学生要勤学、修德、明辨、笃实,要把核心价值观转化为日常的行为准则。

首先要勤学。知识储备是践行社会主义核心价值观的重要基础,勤学善思则是推动认知深化与价值认同的核心动力。一方面,从个体发展维度看,系统化的知识积累不仅是构成能力提升的认知基础,更是培养情绪智力与团队合作能力的必要条件。另一方面,从个体成长规律看,大学阶段是个体世界观、人生观、价值观成型的关键时期。因此,青年人既要深入学习马克思主义中国化、时

---

① 习近平.论党的青年工作[M].北京:中央文献出版社,2022:71.

代化的最新理论成果,筑牢政治根基,又要掌握多学科知识体系,培养跨学科的综合思维能力,更要注重实践应用,提升解决复杂问题的能力。

其次要修德。加强道德修养、注重道德实践是大学生成长成才的重要前提。修德是立身之本,也是立德树人的应有之义。大学生要自觉践行社会主义核心价值观,涵养诚信友善、勤勉担当的优良品格,真正做到以德立身、以德服人。

再次要明辨。在当前信息爆炸、价值多元的社会环境下,增强政治判断力具有重要的现实意义。大学生需以马克思主义立场、观点、方法为指导,深刻把握社会现象的本质,切实提升政治判断力。特别是在网络空间舆情复杂、信息真伪交织的背景下,高校应引导大学生树立科学思维,强化独立判断能力,坚决做到不造谣、不信谣、不传谣,始终保持政治清醒和理论定力。要坚持以科学理论武装头脑,以正确思想指导实践,确保在重大是非问题上立场坚定、旗帜鲜明。要重视大学生政治素养培育工作,将政治判断力培养纳入思想政治教育体系,为培养德才兼备的新时代青年领导者提供保障。

最后要笃实。空谈误国,实干兴邦。大学生要大力弘扬求真务实精神,坚持知行合一、行胜于言,切实将理论知识转化为实践能力。要树立"说到做到、做就做好"的行动准则,以钉钉子精神抓好学习任务落实,以抓铁有痕、踏石留印的作风推进各项工作。要引导大学生在实践锻炼中增长才干,既要培养战略思维和远见卓识,更要锤炼真抓实干的过硬本领。

（三）提升研判能力,培养正确的政治判断力

政治判断力是大学生观察社会、分析政治形势、社会热点的基

本能力,其强弱直接关系到能否在纷繁复杂的舆论环境中廓清迷雾,坚定正确的政治立场。

首先,高校需创新理论宣讲机制。将微党课、思政微课等理论宣讲形式作为提升政治素养的核心载体,通过黄文秀扎根基层、谷爱凌为国争光等鲜活案例阐释理论精髓。理论宣讲的选题要做到故事性与理论性相结合,用"小切口"折射时代大主题。理论宣讲的内容要做到接地气与思想性相结合,使抽象理论具象为可感可知的行动指南。理论宣讲的契机要做到时效性与价值性相结合,在热点解析中强化政治立场教育,切实提升学生从现象洞察本质的研判能力。

其次,高校需拓宽政治参与渠道。要构建多层次政治实践平台,通过创造多个平台和机会拓宽学生政治参与渠道。一是开展"两会精神青年说"评述活动、时政辩论赛等认知型活动;二是组织政治理论沙龙、治国理政案例研讨等研讨型活动;三是结合重大政治议程节点,策划"代表委员面对面"等实践型活动,引导学生在关注国家大事中提升政治参与度。

最后,家庭可营造关注政治的氛围。研究表明,家庭政治讨论对青年政治素养的养成同样具有重要作用。仲立新指出,与父亲、母亲讨论时事政治话题是培养学生时事政治素养的重要途径。①这表明,高校在推动校园教育的同时,也应倡导学生将政治话题延伸到家庭交流中,形成多维度、常态化地关注国家、关注政治的家庭氛围。家庭要积极营造关注时政、讨论时事的良好氛围,学习党的理论方针政策,定期开展时政话题讨论,建立常态化家

---

① 仲立新.教育主流媒体在新时代青少年思想政治教育中的作用与实践路径[J].思想理论教育,2024(12):95-99.

庭政治学习机制。

（四）深化实践参与，增强正确的政治认同

随着中国国际影响力的不断提升，新时代大学生肩负着向世界讲好中国故事、传播中国声音的时代使命。中国五千年文明积淀了深厚的历史文化底蕴，新时代的伟大实践积累了丰富的发展经验。大学生应当在国情认知中强化认同，在文化传承中升华认同，在国际传播中践行认同。为此，高校要为学生创造更多更适合学生发展的实践平台。

一要构建立体化国情教育体系，通过课程教学、实践考察、专题研讨等形式深化学生对国家发展的系统认知；二要打造文化传承创新载体，依托中华优秀传统文化课程、非遗传承项目等，增强学生的文化自信与文化认同；三要搭建国际传播实践舞台，建设多语种新媒体工作室、国际交流项目等，提升学生对外讲好中国故事的能力；四要完善校内外协同机制，联合宣传部门、媒体机构等，为学生参与国际传播提供政策支持和资源保障。

二、实践能力的发展

根据前文对实践能力的定义，以及结合调查研究中大学生实践能力的得分结果（3.9 分）可知，实践能力是大学生领导力六维模型的关键支撑，推动理论向实践的有效转化。它指的是在集体活动或团队任务过程中，个体不仅要具备较强的创新意识和独立见解，还能将所学理论知识有效地应用于实践。与此同时，个体在活动策划中展现出高效的组织能力，其策划方案具有较高的可行性，能够获得团队成员的积极配合与支持。因此，发展大学生的实践能力，可以从以下几方面着手。

（一）激发创新意识，培养创意思维

构建新发展格局最本质的特征是实现高水平的自立自强。高水平的自立自强必须更强调自主创新。拥有一大批创新型青年人才，是国家创新活力所在，也是科技发展希望之所在。

首先，需以创新思维把握经济机遇。要充分认识创新思维在把握经济机遇中的关键作用，引导大学生主动适应新一轮科技革命带来的新形势、新要求，超越简单参与，着力提升应对复杂挑战的能力水平。在校学习期间，积极参与各类创业项目和科研团队；通过系统化的创新创业实践和商业案例研习，重点培养市场分析研判和资源统筹协调的实践能力。高校要整合资源、搭建平台，为大学生创新创业提供全方位支持，确保各项措施落到实处、取得实效。

其次，需以创意视角激活科技机遇。青年是科技创新的生力军。要加快推进实验教学设备更新换代，重点建设一批高水平实验实训平台，为创新人才培养提供坚实的物质保障。科技创新不仅需要专业知识，更依赖跨界融合的思维模式。系统规划跨学科实践课程，促进学科交叉融合；重点支持学生参与"挑战杯""新苗计划"等高水平创新创业竞赛；建立健全科研项目孵化机制，鼓励跨学科团队合作；积极运用短视频等新媒体形式开展科普教育；推动科技创新成果的社会价值转化。

最后，需以创新智慧应对国际机遇。要坚持以创新思维为导向，着力构建"课程＋实践"的国际化人才培养体系。加强形势与政策课程改革，突出国际视野培养；在专业课程中融入国际舆论分析、国际投资实务、跨文化交流等前沿内容；深化国际交流项目，拓宽学生国际视野。

综上所述，新发展格局的核心是通过高水平自立自强推动高质量发展,当代大学生需以创新思维把握经济机遇、以创意视角激活科技突破、以创新智慧拓展国际舞台,将自主创新转化为国家竞争优势。

(二)强化执行能力,推动成果落地

执行力作为将工作目标转化为现实成果的关键能力,是大学生实践能力的重要体现。高校要高度重视学生执行力的培养工作,将其纳入人才培养全过程。

提升大学生执行力是培养新时代青年的重要内容。一要培养吃苦耐劳的精神,可以用企业真实案例开展教学,教会学生"先行动、后总结、再改进"的实用方法,让学生养成不怕困难、主动负责的好品质;二要建立有效的行动方法,教学生把大目标拆分成每天、每周的小任务,做到当日事当日毕,并通过模拟项目管理的练习,提高工作流程的把控能力;三要改进培养方式,建立"先定计划、再落实、最后改进"的完整过程,使用简单有效的目标管理工具,定期组织应对突发情况的演练,全面提高学生的执行力。

(三)优化组织策划,提升管理效能

培养组织策划能力是提升学生实践能力的关键环节。高校要建立分类指导的培养体系,针对不同学生特点开展培养工作。

一方面,围绕学生干部的培养,要重点开展专题培训,讲授如何进行目标设定、任务分解、计划执行等的实用方法;建立"老带新"的经验传承制度,定期组织优秀案例经验交流会和活动总结反思会;全面推行活动项目负责制,让学生在运动会、文艺晚会等大型活动的策划组织中,锻炼人员协调、资源调配等统筹管理能力。

另一方面,围绕普通学生的培养,要将活动策划、团队合作等

基础能力培养要求纳入第二课堂学分认证体系；在专业课程教学中普遍实施小组课题轮流负责制，确保每位学生都能获得组织策划的实践机会；同步开放学术讲座、志愿服务等各类校园活动的志愿者岗位，让学生通过实践参与掌握活动策划与组织管理的核心要点。

（四）深化知识应用，扩大团队影响

知识需要通过实践才能体现价值。将知识转化为实际成果，需要坚持理论与实践相结合，充分发挥团队在知识转化为成果中的关键作用。

一方面，要深化校企协同育人。创新"工学交替"培养模式，将企业真实项目引入课堂教学；共建校企实践基地，定期组织岗位轮训；开展双导师指导，由企业技术骨干与学校教师联合指导学生完成实践任务。在项目实施过程中，重点培养学生的团队合作能力，通过分组讨论企业真实案例，强化团队合作所产生的效应。

另一方面，强化竞赛实践育人。要系统组织学生参加"互联网＋"创新创业大赛、"挑战杯"学术科技竞赛等高水平赛事，建立选拔机制；重点培育跨学科竞赛团队，配备专业指导教师；完善赛前培训、赛中指导、赛后总结的全过程培养模式。

三、自我管理能力的构建

根据前文对自我管理能力的定义，以及结合调查研究中大学生自我管理能力的得分结果（3.87 分）可知，自我管理能力是大学生领导力六维模型的基础保障，确保发展过程的规范有序和持续提升。它指的是个体能够对自身拥有的时间、金钱和信息等资源进行有效而科学地管理。因此，构建大学生的自我管理能力，可以从以下几方面着手。

（一）文档管理体系规范化建设

良好的文档管理能力是大学生提升学习效能的重要基础。规范的文档管理不仅有助于提高复习备考效率、增强团队合作效果，更能为学术研究提供系统性支持。

首先，要树立正确的资料管理意识。大学生应当充分认识规范管理学习资料的重要意义，自觉培养严谨细致的工作作风。要发扬艰苦奋斗精神，克服怕麻烦、图省事等消极思想，养成及时整理、定期归档的良好习惯。其次，要掌握科学的资料管理方法。既要建立纸质资料的分类管理体系，又要善于运用信息技术手段。通过学习掌握电子文档管理、云存储应用等现代技术工具，提高资料管理效率。最后，要坚持理论联系实际的原则。将资料管理能力培养与专业学习相结合，在完成课程作业、科研项目等实践过程中锻炼提升。

（二）财务资源配置科学化实施

大学生财务规划能力的培养需要构建家校社协同育人机制，形成多方联动、共同推进的工作格局。

首先，要将理财文化融入家庭教育。家长可根据子女成长的不同阶段采取不同的培养方式，小学时期指导记账，中学阶段尝试"月薪制"，进入大学后则要共同制定学期预算。此外，要将理财教育融入日常生活，比如购物时引导比较商品价格，购置大件时让子女参与决策过程，把压岁钱存入专门账户等。其次，要将理财知识融入学校教育。比如设置实用性理财课程，包括个人税务申报、信用卡使用规范等必修内容，同时开设基础投资、防范金融诈骗等选修课程。要组织各类实践活动,如举办校园二手交易市场等,也可定期邀请银行、证券公司等机构的专业人士来校举办专题讲座。最后,提升大学生的理财意识。比如养成每月分析消费情况的习惯,学会使用各类理财工具,包括记账软件、比价应用程序等。

(三)信息数据处理集约化提升

信息处理能力是个体在信息获取、筛选、分析、整合与应用过程中,综合运用理论知识、技术工具和批判性思维,实现信息价值转化的核心素养。在人工智能深度渗透各领域的时代语境下,大学生信息处理能力的培养需紧密融合人工智能技术,构建认识AI、学习AI、驾驭AI的能力体系。

一方面,要引导学生全面认识人工智能的运行逻辑与发展趋势,理解算法决策背后的数据规律,明晰技术应用的伦理边界与潜在风险;另一方面,鼓励学生主动学习AI工具的使用方法,如掌握智能检索、数据可视化、自然语言处理等基础功能,将AI作为信息处理的高效辅助手段。特别是要培养学生在人机协同中的主导意识,避免陷入"算法依赖",始终保持独立思考与批判性分析能力,实现对AI技术的科学驾驭。

鉴于此,高校应着力加强安全意识培养工作,通过案例教学、主题研讨等教学形式,切实提升大学生的信息安全意识与伦理责任观念;其次,建议系统性地开设融合人工智能工具应用的实践课程,例如运用DeepSeek等智能辅助工具开展工作,利用专业数据分析软件进行信息价值挖掘;最后,应统筹构建信息素养教育平台,有效整合智能图书馆系统、虚拟仿真实验室等优质资源,并将思想政治教育贯穿于信息处理全流程,确保学生在掌握数字技术的同时,牢固树立正确的价值观,全面提升数字领导力。

（四）目标任务管理时序化优化

拖延行为本质上是应对焦虑的一种心理防御机制，是个体在面对特定任务或决策时产生的启动困难与完成障碍。大学生群体的拖延现象尤为值得关注。这种现象不仅会造成时间资源的严重浪费，更可能导致青年群体陷入自我消耗的恶性循环，甚至诱发"躺平"等消极心态。基于此，可以从以下两个层面出发提升大学生的时间规划能力。

首先，完善课程体系建设。建议将《大学生自我管理》设为必修课程，系统讲授"番茄工作法"、四象限法则等实用工具；开发配套的线上 MOOC 课程，并组织 21 天时间管理训练营，帮助学生养成良好习惯。其次，优化校园环境支持。可以设立专门的时间管理咨询室，为学生提供一对一的个性化指导；建立跨年级导师帮扶机制，促进时间管理经验的传承交流。最后，健全相关制度保障。建议将时间管理能力纳入学生综合素质评价体系，定期举办时间管理案例分享会。

此外，家长作为子女时间管理能力培养的首要责任人，应建立科学合理的阶梯式培养机制。在初中阶段，重点指导子女掌握基础性学习计划制定方法，培养良好的时间管理习惯；在高中阶段，逐步引导子女向自主安排过渡，提升其独立规划学习与生活的能力；在大学阶段，建立长效提醒与督促机制，重点关注职业资格证书考取、专业技能提升等长期重要事项。

四、团队合作能力的强化

根据前文对团队合作能力的定义，以及结合调查研究中大学团队合作能力的得分结果（4.13 分）可知，团队合作能力是大学生领导力六维模型的重要纽带，实现资源整合与协同增效。它指的是个体不仅要具备良好的品德和较强的学习能力,而且拥有稳定的人际关系网,具有较高的团队意识,善于与他人合作和沟通,在决策时倾向于集体协作,并将成功归功于团队的力量。因此,强化大学生的团队合作能力,可以从以下几方面着手。

强化团队合作能力的关键环节在于有效提升人际沟通水平。人际沟通,作为一种技能和艺术,和其他所有技艺一样,都有一些规律和技巧可循。提升沟通协调与共识构建能力必须坚持理论与实践相结合的原则,既需要系统的理论指导,更需要持续的实际训练。

高校可以从以下几个方面系统提升学生的沟通协调能力。首先,强化理论学习体系建设。组织研读《非暴力沟通》《关键对话》等关于沟通能力的相关书籍,系统传授结构化思维框架构建方法,专项训练情绪管理与诉求表达的技巧。其次,创新实践训练模式。定期举办辩论赛、演讲比赛等语言类竞赛活动;组织开展模拟商务谈判、危机公关演练等情境实训;建立常态化实践训练机制。再次,健全日常培养制度。组建沟通能力互助小组,强化课堂汇报等实践应用环节。最后,完善评价反馈机制。将沟通能力纳入学生综合素质评价体系,定期举办优秀沟通案例展示活动等。

五、情绪智力的培育

根据前文对情绪智力的定义,以及结合调查研究中大学生情绪智力的得分结果(3.99 分)可知,情绪智力是大学生领导力六维模型中的润滑剂,可以促进人际和谐与危机化解。它指的是个体具备自我反省与倾听能力,能有效调控自身情绪,同时能够站在他人角度思考问题,并准确捕捉他人通过表情、语言等方式传递的情感信息,从而更好地完成团队任务。因此,提升大学生的情绪智力,可以从以下几方面着手。

一方面,高校要优化开展心理教育的方式方法。将情绪智力培养深度融入心理健康教育必修课程,重点开设情绪认知与调节的实践教学模块和共情能力专项训练单元。要开发《领导力与情绪管理》特色选修课程,运用组织行为学案例教学法,着重培养学生压力情境下的情绪调控能力。要创新实践育人载体,通过开展团体心理辅导活动、组织情景模拟训练营、举办情绪智力专题工作坊以及推广角色扮演教学法等多元化形式,强化学生的情绪管理实践能力。要健全指导服务体系,实施心理健康导师制,为学生提供个性化情绪管理指导,重点强化学生干部的情绪管理培训。

另一方面,家长要着力优化开展教育的方式方法。通过建立民主平等的家庭沟通机制、定期召开家庭会议等方式,为孩子营造安全的情感表达环境。创新运用情绪体验分享、影视作品情感分析等生动形式,潜移默化提升子女的情绪认知能力。要大力支持子女参与志愿服务、文化交流等社会实践活动,不断拓宽情绪体验的深度和广度。

六、领导意识的塑造

根据前文对领导意识的定义,以及结合调查研究中大学生领导意识的得分结果(3.84 分)可知,领导意识是大学生领导力六维模型的核心动力,强化使命担当与战略思维。它指的是个体拥有强烈的愿望担任学生干部,并以服务同学为宗旨。因此,塑造大学生的领导意识,可以从以下几方面着手。

(一)培育责任意识,厚植使命情怀

责任意识的培养是大学生领导意识塑造的核心内容。领导意

识不仅体现在职位的获得上，更关键的是是否具备服务集体、担当责任的内在驱动力。对大学生而言，责任意识是引导其主动融入集体、发挥积极作用的重要心理基础。

大学生践行责任意识，关键在于将个人理想融入民族复兴伟业。作为新时代青年，既要胸怀远大理想，又要脚踏实地奋斗。要明确奋斗目标，通过刻苦学习丰富知识储备，提升综合素质；要发扬创新精神，以开放思维应对挑战，在实践探索中锻炼能力；要主动担当作为，在服务国家发展中实现个人价值。

大学生践行责任意识，必须厚植使命情怀。使命情怀是推动青年不懈奋斗的精神动力。要坚定理想信念，对中国发展前景充满信心；要传承文化基因，深入理解中华优秀传统文化，讲好中国故事；要永葆奉献精神，以实际行动服务国家建设。

（二）打造可持续发展的领导力思维

高校应系统构建可持续发展的领导力思维培养体系，重点从平台建设、模式创新、教师引领和机制保障四个维度协同推进。

首先，搭建阶梯式成长平台。在平台建设方面，要健全学生参与机制，通过在学生活动和社团组织中设立阶梯式培养岗位，打通学生参与学校管理的制度化渠道；同时实施"青年领导力培养计划"等专项项目，创新开展"青马工程＋"培养计划。

其次，创新"三位一体"培养模式。在培养模式上，要构建理论学习、实践锻炼和导师带教的培养体系，形成课堂学习与课外实践有机衔接、知识传授与能力培养相互促进的培养闭环。再次，强化教师引领作用。教师要着力提升自身领导素养，培养跨学科研究能力，创新采用项目负责制和案例研讨等教学方法，在实践中赋予学生充分的自主决策权。

最后,健全长效保障机制。高校还需完善组织领导、资源配置和成效评估等保障机制,将领导力培养纳入人才培养整体规划,定期开展效果评估,确保培养质量持续提升。

第三节　创新大学生领导力的培养方法

前两节系统探讨了大学生领导力培养的理念转型与内容拓展,为实践层面的方法创新奠定了重要基础。基于前文的分析,本节将从宏观视角出发,围绕领导力课程体系构建、个性化培养模式创新和关键培养环节优化三个维度,系统探讨大学生领导力的提升路径。

一、明确领导力课程体系的总体方案

(一)领导力课程体系的顶层架构

大学生领导力教育的顶层架构需立足国家战略高度进行系统谋划。特别是课程体系的构建要包括战略定位、组织保障、评价机制这三方面,推动大学生领导力教育从零散化走向系统化、从边缘化走向核心化。

首先,领导力课程体系的顶层架构要立足国家战略需要。当前,我国正处于实现中华民族伟大复兴的关键时期,创新驱动发展、乡村振兴、"一带一路"建设等国家战略对人才培养提出了新的要求。领导力课程体系要围绕强化创新精神与战略思维,注重跨文化沟通能力塑造,突出培育社会责任意识的目标设计。

其次,领导力课程体系的顶层架构要有组织保障。强有力的组织保障是领导力教育落地实施的关键支撑。建议成立由校长牵头的"领导力教育领导小组",将领导力培养纳入学校战略发展规划,统筹教务处、学工部、团委等部门的共同推进,可设立"领导力教育中心"作为专门管理机构,负责课程开发、师资培训和质量监控。

最后,领导力课程体系的顶层架构要有评价机制。评价机制是检验领导力培养成效的指挥棒,也是持续优化课程体系的重要依据。一方面,要建立健全科学规范的评价体系。坚持系统观念,构建涵盖过程评价、成果评价和社会评价的综合评价机制。过程评价要聚焦学生课堂表现、项目参与等成长轨迹;成果评价要突出案例分析、情景模拟等能力测评;社会评价要注重收集用人单位、实践基地等社会反馈。另一方面,要创新评价方式方法。坚持定量与定性相结合,既注重课程完成率、竞赛获奖等量化指标,又关注360度反馈、成长档案等质性评估;坚持结果导向与增值评价相统一,既考察最终成效,更关注能力提升的动态过程,全面客观反映学生领导力发展水平。

(二) 领导力课程体系的教学模式

传统的理论灌输式教育模式已难以满足现代领导力培养的需求。为此,高校可从教学理念转型、教学方法革新、教学场域拓展等构建领导力课程体系的教学模式。

首先,要加快推进领导力教育教学理念的转型升级。要牢固树立能力本位的教育理念,坚决改变重知识传授轻能力培养的倾向,切实把领导力培养作为教学的核心目标;要大力构建师生互动的教学体系,彻底扭转教师单向灌输的传统模式,充分发挥学生学习主体作用,形成教学相长的良好局面;要着力推动教育与社会需求的深度融合,打破课堂封闭的教学局限,建立学校教育与社会实践有机衔接的育人机制。

其次,要加快推进领导力教育教学方法的改革创新。着力推动教学方式从单向讲授向多元互动转变,大幅提升案例教学、情景模拟、项目式学习等新型教学方法的比重。要充分发挥现代信息技术优势,建设智能化教学平台,开发领导干部真实案例库和在线模拟系统。要注重理论与实践相结合,通过校企合作、校地联动等方式,打造真实情境下的领导力培养环境。

最后,要加快推进领导力教育教学场域的立体化拓展。着力构建"智慧教室、实训中心、实践基地"三级教学平台体系,实现物理教学空间的智能化升级和功能拓展。要积极开发领导力在线模拟系统,建设云端案例资源库,打造虚实融合的数字化教学环境。

由上可知,为适应新时代领导力培养需求,高校要着力推动教学理念从知识传授转向能力培养、教学方法从单向灌输转向多元互动、教学场域从单一课堂转向虚实融合的三维变革,构建理论与实践深度结合的新型教学模式。

(三)领导力课程体系的实践平台

实践平台是领导力培养的重要载体,是连接理论教学与实际应用的关键纽带。要坚持以实践为导向,构建高标准、高质量、高起点的实践育人平台,切实提升学生的领导力。

首先,要高标准打造政校企协同育人平台。深化与党政机关的战略合作,通过共建领导干部实践教育基地,组织学生参与基层治理实践;加强与行业龙头企业的产教融合,共建企业导师工作站,聘请具有丰富管理经验的企业高管担任实践导师,开展案例教学和实务指导;服务国家乡村振兴战略,与地方政府共建乡村振兴实践站,组织学生深入农村开展调查研究和社会服务。

其次,要高质量建设创新创业实践平台。加快推进创客空间与孵化器建设,为学生提供创新创业的物理空间和资源支持,完善"创意激发、创新实践、创业孵化"全链条培养体系;精心组织领导力挑战赛等品牌活动,开展模拟管理决策、团队协作等实战演练;深入开展社会创新项目实践,鼓励学生关注社会热点问题并设计解决方案。

最后,要高起点搭建国际交流实践平台。积极拓展海外优质教育资源,在"一带一路"沿线国家建立海外领导力研修基地,组织学生参与国际组织实习和跨文化交流活动;创新举办国际青年论坛等品牌交流活动,为中外青年搭建思想碰撞和领导力对话的平台;系统开展跨国企业实习项目,选派优秀学生赴世界 500 强企业实习实践。

综上所述,构建政校企协同、创新创业和国际交流三大实践平台体系,是培养新时代高素质领导人才的重要保障。要通过系统化设计、高标准建设和全方位推进,形成理论教学与实践锻炼深度融合的领导力培养新格局。

二、打造领导力培养模式的个性化方案

为适应新时代高等教育高质量发展的要求,满足学生多样化、个性化的发展需求,高校要深入贯彻落实"因材施教"的教育理念,构建分层分类培养体系、建立动态追踪评估系统、配备专项领导力培训师。

(一)构建分层分类培养体系

不同学科背景与年级阶段的学生在领导力发展上存在显著差异,单一化的培养模式难以满足其个性化需求。为此,高校可针对

理工科、文科类学生以及不同年级阶段的特点，设计差异化的领导力培养路径。

首先，要着力加强理工科学生领导力培养工作。聚焦理工科学生的特点，重点强化逻辑思维、创新能力和技术决策能力培养。通过科技创新工作坊、工程实践项目等实践载体，让学生在复杂技术环境中提升技术领导力和跨学科合作能力。科技创新工作坊要聚焦前沿技术问题，组织学生开展团队合作和创新实践；工程实践项目要模拟真实工程场景，着力提升学生在技术决策、资源分配和团队管理方面的综合能力。同时，要大力引入企业导师和行业专家，为学生提供专业指导，促进技术能力与领导力培养的深度融合。

其次，要重点加强文科类学生领导力培养工作。聚焦文科类学生特点，突出强化跨文化沟通能力、创新思维能力和组织协调能力等核心能力的培养。要精心设计模拟谈判、公共演讲、跨文化交流等特色活动，系统提升学生在人文社科领域的领导力。模拟谈判课程要着重培养学生沟通技巧和矛盾化解能力；公共演讲训练要着力提升学生表达能力和个人影响力；跨文化交流活动要重点拓展学生国际视野和多元文化适应能力。要深化与社会组织、文化机构的战略合作，搭建实践育人平台，让学生在真实社会场景中提升领导力。

最后，要系统推进分阶段领导力培养体系建设。根据不同年级学生特点，科学设计阶梯式培养方案，实现领导力教育的全过程、全方位覆盖。在低年级阶段，重点抓好团队合作能力、基础沟通技巧等基础能力培养，筑牢领导力发展根基；在中高年级阶段，着力强化复杂决策分析能力、创新思维转化能力、危机处置应变能力等高级能力训练，提升领导力发展水平。要构建循序渐进、螺旋上升的培养体系,确保各阶段培养内容有机衔接、相互促进。要创新培养模式,将课程教学与实践锻炼紧密结合,让学生在理论学习中提升认知,在实践历练中增长才干,实现领导力素养的持续提升和全面发展。

综上所述,构建分层分类的领导力培养体系,是提升人才培养质量的关键举措。要坚持因材施教、分类指导,通过差异化培养路径和阶梯式发展模式,实现学生领导力的提升。

(二)建立动态追踪评估系统

建立动态追踪评估系统是打造领导力培养模式个性化方案的重要保障。通过大数据采集、智能分析和动态反馈,能够全面把握学生发展状况,科学识别个体差异,为实施个性化培养方案提供数据支撑和决策依据。

首先,建立健全学生领导力发展数据库。要运用大数据技术,全面采集学生在学业表现、实践活动、心理测评等方面的数据指标。学业表现要重点记录课堂参与度、作业完成质量等关键数据;实践活动要系统收集团队项目、实习实训等实践成果;心理测评要科学评估自我认知、情绪管理等心理特质。通过多源数据整合,形成全面客观的学生领导力发展档案。

其次,创新智能化评估分析手段。要充分发挥人工智能技术优势,开发领导力发展智能诊断系统。通过对学生发展数据的深度挖掘,科学识别个体优势与短板,智能生成个性化培养方案。要建立动态调整机制,根据学生发展实际,持续优化培养策略,确保教育供给与学生需求精准对接。

再次,完善可视化反馈机制。要运用数据可视化技术,将评估结果转化为直观易懂的图表报告。通过雷达图、成长曲线等形式,帮助学生清晰认识自身发展状况。要提供针对性改进建议,指导学生制定科学合理的提升计划,激发自主发展内生动力。

最后,构建闭环优化工作体系。高校可建立基于数据的领导力培养动态优化机制,实时监测培养过程数据,定期评估培养成效,及时调整培养方案。要开展毕业生发展追踪,将职场表现反馈至培养环节,形成持续改进的良性循环。

综上所述,通过建立健全学生领导力发展数据库、创新智能化评估分析手段、完善可视化反馈机制、构建闭环优化工作体系,打造领导力培养模式的个性化方案,为提升大学生领导力培养质量提供有力支撑。

(三)配备专项领导力培训师

为满足学生多元化的发展需求,高校可构建以学业导师、职业规划师与领导力教练为主体的个性化培养体系,为学生提供全方位的学术引领、职业规划与领导力提升的师资力量。

首先,要全面推进学业导师制度建设。坚持因材施教原则,为每位学生配备专业导师,量身定制个性化培养方案。理工科学生重点强化科研创新能力培养,通过参与技术创新项目提升专业素养;文科类学生着重加强社会调研能力训练,通过文化研究实践深化理论认知。要充分发挥学业导师在专业引领和学术指导方面的关键作用,帮助学生夯实理论基础、明确发展方向,为领导力培养提供坚实的学术支撑。

其次,要着力完善职业规划指导体系。坚持需求导向,为每名学生配备专业职业规划师,提供精准化、全程化的职业发展指导。对有企业管理志向的学生,重点推荐企业实习和管理竞赛等实践机会;对公共服务领域发展意向的学生,重点安排社会服务和政策研究等实践平台。要充分发挥职业规划师在职业引导和能力培养方面的专业作用,帮助学生明确发展方向、制定成长路径。

再次,要深入推进领导力教练制度建设,遵循因材施教原则,为每名学生配备专业教练,制定个性化培养方案。针对不同能力短板,实施精准化训练:对沟通能力不足的学生,强化情景模拟、角色扮演等专项训练;对决策能力欠缺的学生,侧重案例推演、沙盘演练等实践培养。要充分发挥领导力教练的专业指导作用,通过沉浸式训练模式,促进学生领导力素养的阶梯式提升。

最后,要建立健全动态反馈与调整机制。坚持动态优化原则,定期评估学生学业发展、职业规划和领导力提升成效,及时优化培养方案。对学术表现优异者,重点提供科研资源和学术交流平台;对领导力突出者,优先推荐高层次培训和实践项目。要充分发挥动态调整机制在精准施策中的关键作用,确保个性化培养取得实效。

由此可见,构建学业导师、职业规划师和领导力教练"三位一体"的个性化培养体系,是实现大学生领导力个性化培育的关键路径。

三、把握领导力培养过程中的关键环节

在大学生领导力培养的过程中,有几个关键环节需要重点把握。因此,高校需构建领导力核心素养框架、创新领导力培养生态系统到实施领导力发展评估体系,全方位提升大学生的领导力水平。

(一)构建领导力核心素养框架

以大学生领导力六维模型(即实践能力、情绪智力、政治素养、

团队合作能力、自我管理能力、领导意识)为理论基础,系统构建领导力培养制度体系,扎实推进核心素养框架的落地实施。

首先,要高标准制定《大学生领导力培养标准》。深入贯彻党的教育方针,围绕六大核心维度,科学设定培养目标、内容体系和评价标准。重点明确实践能力培养要突出解决实际问题,情绪智力培养要强化心理调适,政治素养培养要坚定理想信念,团队合作能力培养要注重协同创新,自我管理培养要强调自律自强,领导意识培养要树立责任担当。

其次,要高质量推进领导力培养与专业教育深度融合的制度建设。在课程体系重构方面,开发基础理论、专业拓展、实践应用三类模块化课程群,建设线上线下相结合的精品课程资源;在实践环节强化方面,打造校内实训、校外实践、国际交流三级实践平台,实施项目化、情境化教学模式;在评价机制创新方面,构建过程性评价与总结性评价相结合、定量评价与定性评价相结合的多维度评估体系。

最后,要高效能完善领导力培养保障制度体系。建立健全组织领导机制,成立校院两级领导力教育工作领导小组;加强师资队伍建设,实施"领导力导师培养计划";加大资源保障力度,设立专项经费支持课程开发与实践基地建设;强化质量监控,建立年度评估与动态调整机制。

(二)创新领导力培养生态系统

创新领导力培养生态系统是指通过整合社会、学校、家庭等多方资源,构建促进大学生领导力发展的协同育人环境。以专题讲座夯实理论基础,以实践训练强化能力应用,以案例研讨深化思维训练,以媒体传播拓展学习维度,进而形成全方位、多层次的领导力培养支持体系。

首先，深化理论武装，创新专题讲座模式。高校要高标准打造"领导力大讲堂"品牌项目，邀请具有深厚理论造诣的专家学者、富有实践经验的企业高管和熟悉公共治理的政府领导干部组成讲师团队，系统讲授领导力理论创新成果和实践探索经验。专家学者要深入阐释领导力发展的内在规律和时代特征，企业高管要重点解读领导力在推动企业高质量发展中的关键作用，政府官员要全面介绍领导力在提升治理效能中的实践应用。通过构建多层次、宽领域的专题讲座体系，切实提升学生的理论素养和实践认知。

其次，强化实践育人，打造特色实训平台。高校要着力构建实践教学体系，创新运用情景模拟、角色扮演、团队协作等互动教学模式，精心设计领导力实训项目。开展企业管理决策模拟、公共政策制定推演等情景模拟训练；系统组织跨部门、跨角色情境演练；创新设计团队协作挑战项目，切实增强学生的组织协调和问题解决能力。

再次，深化案例教学，创新实践育人模式。要精心组织开展"领导力案例分析"专项活动，选取具有代表性的企业管理典型案例、公共治理示范案例和社会创新标杆案例，建立分级分类的案例教学资源库。通过组织专题研讨、情景再现、对比分析等教学形式，引导学生深入把握企业战略决策中的领导艺术、公共政策执行中的统筹方法和社情民意沟通中的协调技巧。

最后，强化阵地建设，创新宣传引导机制。要充分发挥新媒体平台传播优势，系统打造"领导力教育"融媒体矩阵，重点建设理论阐释、案例解析、专家观点等特色专栏。要精心制作系列微课程，开发适应移动学习需求的领导力数字资源；创新开展"校友领导力"短视频展播活动，选树先进典型；优化在线互动社区功能，构建学习交流云平台。

（三）实施领导力发展评估体系

为科学评估学生的领导力发展水平，高校可建立健全领导力发展评估体系，通过多维度的测评工具与方法，全面掌握学生的领导力素养与发展潜力。

首先，构建科学化评估指标体系。要建立健全以情绪智力、团队合作、自我管理为核心的领导力评估标准体系。一是决策能力评估，着重考察复杂情境分析、综合研判和风险管控水平；二是沟通能力评估，重点测评语言表达、倾听反馈和矛盾调解成效；三是团队协作评估，全面衡量角色担当、协同意识和组织协调表现；四是创新能力评估，科学检验思维突破、问题破解和实践转化成果。通过多维度、立体化的评估方式，为每位学生建立精准的"领导力发展数字画像"。

其次，优化个性化反馈指导机制。要着力构建"评估、反馈、改进"的闭环工作体系。基于评估数据生成个性化发展报告，分类制定提升方案：对决策能力薄弱群体，重点配置情景模拟训练和结构化案例研习；对沟通能力有待加强对象，优先安排演讲辩论实训和跨文化交流活动。通过"一人一策"的精准指导，帮助学生找准发展定位，明确进阶路径。

再次，创新反思性评价模式。高校可建立自我反思与同伴互评机制，通过反思性讨论与团队评议等形式，增强学生的自我认知能力，培养其自主发展的内在动力。自我反思可以通过撰写领导力反思日志、参与反思性讨论等形式，帮助学生在实践中总结经验、识别问题。同伴互评则可以通过团队项目中的相互评价、小组讨论中的反馈交流等方式，帮助学生从多元视角认识自身的领导力表现。例如,在团队项目中,学生可以通过同伴评议了解自己在团队协作中的表现,发现自身的不足并加以改进;在小组讨论中,学生可以通过同伴反馈提升自己的沟通与表达能力。

最后,实施动态化跟踪培养。高校可通过定期的领导力水平测试,动态跟踪学生的成长轨迹,结合阶段性反馈与个性化指导,确保其领导力的持续优化与全面发展。基于测评结果实施分层培养:对表现优异者,提供高阶领导力研修项目及重要实践岗位锻炼;对存在发展短板者,定制专项能力提升方案,实施突破性辅导。依托动态评估与反馈机制,构建全员全程的领导力发展支持体系,确保每位学生获得适切的发展资源与指导。

综上所述,高校领导力发展评估体系的构建,是提升领导力教育科学性与实效性的关键举措。该体系立足多维度评估指标,建立常态化反馈机制,结合自我反思,能全面、客观地评估学生领导力发展状况,为高校领导力教育的科学化、规范化发展提供有力支撑。

第七章
研究缺憾与未来展望

本书在理论分析与实证研究的基础上,提出了大学生领导力的六个维度,并开发了相应的测量问卷。通过对全国高校大学生群体进行问卷调查与统计分析,揭示了大学生领导力的整体水平和特征,并从教育的角度提出了若干针对性对策。研究成果对高校学生工作、课程设置和社会实践活动的开展具有一定的参考价值。然而,基于本书的实施条件、研究者能力和学术界现有研究基础,仍存在以下方面的不足和需要进一步完善之处。

第一节 研究缺憾

1. 量表信度与效度不足

本书所使用的访谈问卷和调查问卷均由研究者自行编制,虽然在探索性因素分析中初步检验了其结构维度,但尚未进行系统的验证性因素分析以及更细致的信度和效度检验。量表中不同维度之间的区分度、内部一致性信度、再测信度等指标尚未得到充分验证,量表的稳定性和普适性有待进一步提高。未来需要在更大规模的样本中开展信度和效度研究,通过多种方法(如验证性因素分析、聚合效度检验、区分效度检验)来进一步评估并修订量表,确保其科学性和严谨性。

2. 大学生领导力理论体系尚不完善

目前,大学生领导力理论体系尚不完善,学术界对这一领域的研究仍处于探索阶段,虽然已有一些相关研究,但大多数集中在青年群体、企业领导力等相邻领域,尚未形成系统化和深入的理论框架。本书对大学生领导力的概念界定和维度划分主要借鉴青年领导学、领袖领导力以及企业领导学等领域的研究成果。在此过程中,由于大学生所处的校园环境和社会角色与企业或社会组织的领导环境仍存在较大差异,其在领导力的内涵、培养路径以及行为特征方面都有特定的复杂性和阶段性。因此,在今后的研究中,需要在大学生特定人群的情景下,进一步细化和深化对"大学生领导力"的内涵界定,构建更加契合校园特点和青年发展需求的理论模型。

3. 研究样本与过程的局限性

受研究条件和个人能力的限制,本次调查覆盖范围虽然涉及全国高校,但问卷数量仍然有限,不同高校、不同专业、不同年级的样本数量分布也不够均衡。同时,我们无法对被调查者在填写问卷时的认真程度和真实性进行有效监控,这在一定程度上可能导致问卷质量和可信度的下降。未来需要在更大、更广泛的样本中进行重复测量,特别是在不同类型高校(如综合性大学、师范类院校、理工科院校、职业院校等)开展调查,从而获得更加多元化的研究数据。同时,在问卷实施过程中须采用现场集中填写、线上与线下结合或引入质量控制题等方式,提升调查数据的准确性和有效性。

第二节　研　究　展　望

基于以上研究中存在的局限性,本人将在未来的研究与实践中从以下几个方面进行深入探索与完善。

1. 开展跨区域与跨文化的比较研究

当前关于大学生领导力的研究多集中在特定区域或单一文化背景下,较少关注跨区域与跨文化的比较分析。随着全球化与国际交流的深入,大学生的领导实践日益跨越区域与文化边界。开展跨区域、跨文化的领导力比较研究,有助于揭示不同社会背景与文化环境对领导力培养效果的影响差异,并进一步提炼出具有普遍适用性的大学生领导力培养模式。未来的研究可通过构建跨地区、跨国家的数据样本,系统分析文化价值观、教育体制、社会发展水平对大学生领导力塑造的作用,探索不同区域大学生领导力培养的特色与共性。

2. 开展长期的纵向追踪研究

现有的大学生领导力研究往往采用横断面的调查设计,难以呈现领导力培养的动态演进过程。领导力本质上是一个持续发展与变化的过程,具有较强的动态性。因此,有必要开展更为长期的纵向追踪研究,从大学生入学开始,跟踪其领导力发展的变化轨迹,系统揭示各类教育培养活动(如社会实践、创新创业、实习经历)在不同阶段对领导力发展的具体贡献。通过长期的追踪研究,可以更好地捕捉大学生领导力发展中的关键节点、成长轨迹以及影响因素,进而提出更具针对性、持续性与系统性的领导力培养策略。

3. 深化大学生领导力的理论模型

当前大学生领导力研究已形成一定的理论框架,但仍存在对概念界定模糊、维度划分不清晰的问题。因此,未来研究需要进一步深化与细化大学生领导力的理论内涵与结构维度,明确各维度之间的关系与作用机制。未来的理论建构应当从更全面、整合的视角出发,探索大学生领导力的内部构成要素及其互动机理,揭示不同培养情境下大学生领导力的差异化表现与成长路径,并在此基础上构建更加系统、完善的大学生领导力理论模型,为实践提供更坚实的理论指导。

4. 关注大学生数字领导力的培养

数字化转型正深刻影响当代社会的各个领域,高校领导力培养也须顺应这一趋势,充分关注数字领导力的培养与实践。未来研究须系统探索数字时代背景下大学生领导力的独特需求与表现形式,重点分析大学生在数字环境中的信息素养、技术整合能力、网络协作能力、虚拟团队管理能力等新兴领导技能的发展过程与影响因素。同时,研究可关注高校如何通过创新课程、虚拟实践平台与数字化工具,系统地提升大学生的数字领导力,使之更好地适应未来职场和社会发展需求。

综上所述,未来研究需进一步拓展大学生领导力研究的理论视野与实践领域,通过跨区域与跨文化比较、纵向追踪分析、理论模型深化和数字领导力培养,推动大学生领导力研究走向更加深入和全面,从而为高校领导力培养实践提供更加系统、精准与前瞻的指导。

参考文献

一、中文文献

［1］李政,胡中锋.大学生人力资源质量体系的构建——基于WICS领导力模型的实证研究［J］.高教探索,2017(9)：29-35.

［2］李秀峰,白洁.公民教育视域下的美国大学生领导力开发［J］.中国青年研究,2014(9)：93-96＋101.

［3］蒋娅娟,陈晓慧,汤铭.数字化赋能小学校长领导力的价值体现与实践路向［J］.中国电化教育,2024(6)：32-37.

［4］黄珊珊.大学生领导力教育改革探究［J］.学校党建与思想教育,2016(3)：74-75.

［5］华诺.问题与回应：数字在场时代中国共产党领导力建设［J］.领导科学,2024(3)：124-130.

［6］崔文霞.高校学生团体研究：以大学生领导力培养为视角［J］.湖北社会科学,2012(12)：173-176.

［7］柳小毅.关于提升低年级大学生党员领导力的实践探索——以浙江大学求是学院蓝田学园为例［J］.科技创新导报,2013(20)：200-201.

［8］陈正芹,吴涛,朱惠蓉,成琳.自我领导理论视野下的大学生领导力实证研究——以上海高校大学生为例[J].华东经济管理,2014(7):167-171.

［9］林芳君.加强公寓学生干部团队建设探析——以浙江大学城市学院为例[J].经济视角,2011(12):103-104.

［10］陈卫,叶文,周伟辉.高校大学生领导力教育的典型模式及其特点分析——以浙江大学为例[J].教育教学论坛,2019(33):194-196.

［11］张志鑫,郑晓明.数字领导力:结构维度和量表开发[J].经济管理,2023(11):152-168.

［12］张佳林,李赫伟,陈辉.新时代少数民族大学生领导力培育的路径[J].社会科学家,2020(3):156-160.

［13］杨鹃,李燕,段玄锋,赵微,王庭照.数字领导力与特殊教育教师创新行为的关系:教师能动性的中介作用和组织创新氛围的调节作用[J].中国特殊教育,2024(12):62-70.

［14］曹海洋,陈文.当前大学生领导力教育的瓶颈和对策探究[J].内蒙古师范大学学报(教育科学版),2014(5):12-14.

［15］翁文,楼一帆.创新与引领:公安基层领导的素质、人文、领导力的全面提高——浙江警察学院承担全国首任公安局长、政委培训工作十一年回眸[J].公安教育,2012(8):7-9＋81-84.

［16］何国焕.高职学生干部与非学生干部职业发展质量比较研究——以浙江工业职业技术学院为例[J].职业教育研究,2012(11):10-11.

［17］严太华,赖炳根,蒲清平,高微.大学生领导力培养体系构建的原则与实施途径[J].学校党建与思想教育,2013(19):53-54.

［18］肖华.基于未来职业发展的大学生领导力开发与培养［J］.高等农业教育,2014(11)：80-84.

［19］向前,包卫,蒋淑亚,张智慧,石曼卿.女大学生性别角色认同与自我效能感、领导力之间的关系——基于变量中心与个人中心的视角［J］.中国临床心理学杂志,2024(6)：1287-1291.

［20］吴维库.大学生培养：领导力与追随力哪个更重要？［J］.中国大学教学,2019(2)：30-31＋53.

［21］王铮.高校大学生领导力的培养困境与突破路径［J］.领导科学,2022(9)：107-111.

［22］亓建芸,邵思淙,葛义,陈宁,赵可云.中小学校长数字化领导力模型的构建与阐释［J］.现代教育技术,2025(2)：74-84.

［23］孟玲玲.书院制模式下大学生领导力培育机制研究［J］.领导科学,2016(17)：33-34.

［24］刘玉,许国动.可行能力发展视角下大学生领导力结构模型研究［J］.领导科学,2014(32)：24-27.

［25］刘祺,刘玥.数字化转型视野下的数字领导力锻造［J］.领导科学,2024(5)：34-42.

［26］梁枫,郑文栋,赵建敏.大学生领导力的影响因素及培养模式研究——以上海交通大学为例［J］.教育理论与实践,2015(30)：9-11.

［27］鲍传友,王晓宇,张玉凤.自我领导力对大学生生涯适应力的影响——基于中介效应和调节效应的实证研究［J］.现代教育管理,2024(6)：61-72.

［28］张威.大类培养模式下团队管理在高校社会实践团队骨干领导力提升中的作用——以浙江大学工学大类学生为例的实证研究［J］.中国科教创新导刊,2012(29)：124＋126.

［29］张如仟.高校"党员之家"学生干部培养机制的探索与研究——以浙江大学城市学院为例［J］.现代职业教育,2019(4)：190-191.

［30］赵亚普,李晶钰,刘德鹏,成诗雨.数字领导力与企业数字化转型绩效——基于制度创业视角［J］.管理科学学报,2025(2)：15-30.

［31］习近平.论党的青年工作［M］.北京：中央文献出版社,2022.

［32］杨海燕.新时代大学生领导力构成及提升研究［D］.中共中央党校(国家行政学院),2020.

［33］王婕.大学生领导力对创造力的影响机理研究［D］.浙江大学,2013.

［34］陶思亮.中国大学生领导力发展与教育模型研究［D］.华东师范大学,2014.

［35］李秀娟.思想政治教育视域下大学生领导力培育研究［D］.华东师范大学,2017.

［36］邹媛.大学生领导力多场域开发研究［D］.西南大学,2015.

［37］郑尧丽.大学生开放式领导力开发机制研究［D］.浙江大学,2014.

［38］习近平.论党的宣传思想工作［M］.北京：中央文献出版社,2020.

［39］［法］埃米尔・涂尔干著.渠东译.社会分工论［M］.北京：生活・读书・新知三联书店,2000.

［40］［荷］吉尔特・霍夫斯泰德等著.张炜,王烁译.文化与组织［M］.北京：电子工业出版社,2019.

［41］［美］Urie Bronfenbrenner 著.曾淑贤译.人类发展生态学［M］.台湾：心理出版社股份有限公司,2010.

［42］［美］阿尔伯特·班杜拉著.陈欣银,李伯黍译.社会学习理论［M］.北京：中国人民大学出版社,2015.

［43］［美］保罗·赫塞著.麦肯特企业顾问有限公司译.情境领导者［M］.北京：中国财政经济出版社,2003.

［44］［美］彼得·圣吉著.张成林译.第五项修炼［M］.北京：东方出版社,2002.

［45］［美］戈尔曼著.杨春晓译.情商：为什么情商比智商更重要［M］.北京：中信出版社,2010.

［46］［美］霍华德·加德纳著.沈致隆译.智能的结构［M］.北京：中国人民大学出版社,2008.

［47］［美］乔治·H.米德著.赵月瑟译.心灵、自我与社会［M］.上海：上海译文出版社,2005.

［48］［美］詹姆斯·库泽斯,巴里·波斯纳著.李丽林,杨振东译.领导力的挑战［M］.北京：电子工业出版社,2004.

［49］［苏］列夫·维果茨基著,麻彦坤译.社会中的心智——高级心理过程的发展［M］.北京：北京师范大学出版社,2018.

［50］［英］罗伯特·P.诺伊歇尔著.毕香玲译.服务型领导：有效释放员工能量［M］.北京：中国铁道出版社,2006.

［51］［英］托马斯·卡莱尔著.张志民,段忠桥译.论英雄和英雄崇拜［M］.北京：中国国际广播出版社,1988.

［52］［奥］阿尔弗雷德·阿德勒（Alfred Adler）著.王俊兰译.理解人性［M］.北京：机械工业出版社,2017.

［53］［美］Duane P. Schultz, Sydney Ellen Schultz 著.时勘等译.工业与组织心理学——心理学与现代社会的工作［M］.北京：中国轻工业出版社,2004.

［54］［美］弗兰克·J.萨洛韦（Frank J. Sulloway）著.曹精华,何宇

光等译.天生反叛[M].南京：江苏人民出版社,1999.

[55] 裴妮选编.朱敬文译.20 世纪著名演讲文录[M].北京：中国
对外翻译出版公司,2003.

二、英文文献

[1] Fred E. Fiedler. Research on Leadership Selection and Training：
One View of the Future [J]. *Administrative Science
Quarterly*, Vol. 41, No. 2 (Jun., 1996)：241-250.

[2] G. James Lemoine, Chad A. Hartnell and Hannes Leroy.
Taking Stock of Moral Approaches to Leadership：An
Integrative Review of Ethical, Authentic, and Servant
Leadership[J]. *Academy of Management Annals*, Vol. 13,
No. 1(Jan., 2019)：148-187.

[3] Hans H. Gerth, Michael W. Hughey. On Talcott Parsons'
The Social System [J]. *International Journal of Politics,
Culture, and Society*, Vol. 10, No. 4 (Summer, 1997)：
673-684.

[4] James J. Heckman. Policies to Foster Human Capital[J].
Research in Economics, Vol. 54, Issue. 1(Mar., 2000)：
3-56.

[5] John W. Meyer, Brian Rowan. Institutionalized Organizations：
Formal Structure as Myth and Ceremony[J]. *American
Journal of Sociology*, Vol. 83, No. 2 (Sep., 1977)：340-363.

[6] P. Kazimoto, H. Foster. Social Capital, Human Value
Creation, and the Organizational Performance of Small
Businesses in Butembo, Democratic Republic of Congo[J].

Human Behavior，*Development and Society*，Vol. 23，No. 2（Aug.，2022）：73-81.

［7］Kurt Lewin. Experiments in Social Space［J］. *Psychological Review*，1939(46)：206-229.

［8］D. P. McAdams，What Do We Know About Erikson's Stages of Psychosocial Development? ［J］. *Journal of Personality and Social Psychology*，1995(6)：857-866.

［9］Stogdill，R. M. Personal Factors Associated with Leadership：A Survey of the Literature［J］. *The Journal of Psychology*，Vol. 25，Issue(Jul.，2010)：35-71.

［10］Bernard M. Bass. *Leadership and Performance beyond Expectations*［M］. Lodon：Collier Macmillan Publishers，1985：195.

［11］Burns，James MacGregor. *Leadership*［M］. NY：Harper & Row，1978.

［12］Francis Galton. *Hereditary Genius*［M］. NY：Barnes & Noble，2012.

［13］Kurt Lewin. *Resolving Social Conflicts and Field Theory in Social Science* ［M］. American Psychological Association，2010：59-67.

［14］Melvin L. Kohn. *Class and Conformity: A Study in Values*［M］. Chicago：University of Chicago Press，1989.

［15］Pierre Bourdieu. *Forms of Capital: General Sociology*［M］. UK：Polity，2024.

［16］Robert G. Burgess. *Sociology*，*Education*，*and Schools: An Introduction to the Sociology of Education*［M］. NY：

Nichols Publishing Company，1986.

[17] Samuel，Bowles，Herbert Gintis. *Schooling in Capitalist America: Educational Reform and the Contradictions of Economic Life*[M]. NY：Basic Books，1976.

附录一
大学生领导力现状调查与对策研究（初测问卷 A）

亲爱的同学，您好！这是×课题组正在进行的一项关于大学生领导力的研究。此项调查以随机的方式抽取调查对象，所得资料仅作分析研究之用；对调查问题的回答无对错、好坏之分，故请您回答自己的真实感受和想法。感谢您的支持、参与和合作！

第一部分　基　本　信　息

请在您觉得最合适的地方打"√"。

您的性别是：1 男　2 女

您的专业学科：1 理科　2 工科　3 文科　4 艺术类

您所在年级：1 大一　2 大二　3 大三　4 大四

您的学习成绩情况：1 很差　2 差　3 一般　4 良好　5 优秀

您的家庭条件：1 好　2 较好　3 一般　4 较困难　5 困难

您家所在地是：1 农村　2 小城(镇)　3 城市
您有参加学校各类团学组织(包括担任班干部)吗？1 有　2 没有
您所在高校是＿＿＿＿＿＿＿＿＿＿＿＿
您高校所在的地市是＿＿＿＿＿＿＿＿＿＿＿
在大学里您担任了哪些职务？(请一一列出)＿＿＿＿＿＿＿＿＿

第二部分　学生领导力发展情况

表一

下列语句是您对自己的情绪智力、领导意识、政治素养、学习能力等方面的描述,请在您觉得最合适的地方打"√"。

	完全不符合	不怎么符合	基本符合	高度符合	完全符合
1 善于自省	1	2	3	4	5
2 能很好地控制自己的情绪	1	2	3	4	5
3 能准确地判断他人的感受或情绪	1	2	3	4	5
4 善于倾听	1	2	3	4	5
5 在公共场合很少或偶尔直接指出别人的错误	1	2	3	4	5
6 在某些社交场合,即使心中不高兴也能够泰然处之	1	2	3	4	5
7 很愿意成为一名学生干部	1	2	3	4	5
8 认为作为一名学生干部很有意义		2	3		5

续　表

	完全不符合	不怎么符合	基本符合	高度符合	完全符合
9 梦想当一位有影响力的领袖人物	1	2	3	4	5
10 学生干部就是服务同学的	1	2	3	4	5
11 学生干部是权力的体现	1	2	3	4	5
12 不是学生干部也有领导意识	1	2	3	4	5
13 经常关心国家大事	1	2	3	4	5
14 拥有坚定的政治信仰	1	2	3	4	5
15 拥有坚定的政治立场	1	2	3	4	5
16 具备良好的品德	1	2	3	4	5
17 具有鲜明的政治观点	1	2	3	4	5
18 具有高度的政治鉴别力和敏锐性	1	2	3	4	5
19 认为不断学习能提升领导力	1	2	3	4	5
20 会主动学习有关领导学的知识	1	2	3	4	5
21 经常参加学校组织的活动	1	2	3	4	5
22 善于学习接受新事物	1	2	3	4	5
23 有意识地培养自己的领导力	1	2	3	4	5
24 善于把您所学的知识应用到实践中	1	2	3	4	5

表二

下列语句是对您在自我管理、管理他人方面的描述,主要包括人际关系与沟通能力、自我管理能力、创新能力、团队合作能力,请在您觉得最合适的地方打"√"。

	完全不符合	不怎么符合	基本符合	高度符合	完全符合
25 在聚会等活动中经常扮演组织者的角色	1	2	3	4	5
26 经常策划活动	1	2	3	4	5
27 策划的活动方案基本能被采纳执行	1	2	3	4	5
28 会采用科学的方法来组织策划活动	1	2	3	4	5
29 在处理事情的时候,喜欢跟别人合作	1	2	3	4	5
30 在做决定时,喜欢跟别人讨论	1	2	3	4	5
31 自己是个很有团队意识的人	1	2	3	4	5
32 事情的成功很多取决于集体的力量	1	2	3	4	5
33 拥有稳定的人际关系网	1	2	3	4	5
34 会主动去维系周边的人脉网络	1	2	3	4	5
35 拥有一定的支持者	1	2	3	4	5
36 很多人会支持你的决定	1	2	3	4	5
37 善于与人沟通	1	2	3	4	5

续　表

	完全不符合	不怎么符合	基本符合	高度符合	完全符合
38 当和其他人意见不统一时,您只坚持自己的意见	1	2	3	4	5
39 当同学之间有矛盾时,您能很好地解决	1	2	3	4	5
40 对于您的决策或者意见,同学们很配合	1	2	3	4	5
41 有创新意识	1	2	3	4	5
42 在团队活动中有创造性的想法	1	2	3	4	5
43 能执行自己有创意的想法	1	2	3	4	5
44 很多人都认为您是个有创意的人	1	2	3	4	5
45 善于自我管理	1	2	3	4	5
46 善于整理资料	1	2	3	4	5
47 善于理财	1	2	3	4	5
48 善于整合信息	1	2	3	4	5

第三部分　家庭、学校在培养大学生领导力方面的现状调查

1. 您认为家庭背景对自身领导力形成发展有影响吗?

　　A. 影响很大　　　　　　　B. 比较有影响

　　C. 一般　　　　　　　　　D. 不太有影响

　　E. 基本没影响

2. 您父母有没有有意识地培养你的领导力？

　　A. 有　　　　　B. 没有　　　　C. 可能有，但我不确定

3. 您所在学校的学生干部领导力怎么样？

　　A. 非常好　　B. 比较好　　C. 一般　　　　D. 有点不好

　　E. 非常不好

4. 您所在的学校有没有开设"领导力"的相关课程？

　　A. 有　　　　　B. 没有　　　　C. 可能有，但我不确定

5. 您所在的学校有没有设置精英培训班等类似组织？

　　A. 有　　　　　B. 没有　　　　C. 可能有，但我不确定

6. 贵校共青团素质拓展工作中有没有包含领导力培养内容？

　　A. 有　　　　　B. 没有　　　　C. 可能有，但我不确定

7. 贵校共青团学生干部骨干培养中有没有开展领导力培养实践活动？

　　A. 有　　　　　B. 没有　　　　C. 可能有，但我不确定

8. 贵校团员先进性教育中有没有开展领导力培养工作？

　　A. 有　　　　　B. 没有　　　　C. 可能有，但我不确定

9. 您所在院系的学生素质评价中有没有将领导力列入指标体系？

　　A. 有　　　　　B. 没有

10. 老师教学时是否注意培养同学的领导力？

　　A. 有　　　　　B. 没有　　　　C. 可能有，但我不确定

11. 班上是否有领导力培养活动？

　　A. 有　　　　　B. 没有　　　　C. 可能有，但我不确定

附录二
大学生领导力现状调查与对策研究（正式问卷B）

亲爱的同学，您好！这是×课题组正在进行的一项关于大学生领导力的研究。此项调查以随机的方式抽取调查对象，所得资料仅作分析研究之用；对调查问题的回答无对错、好坏之分，故请您回答自己的真实感受和想法。感谢您的支持、参与和合作！

第一部分 基本信息

请在您觉得最合适的地方打"√"。

您的性别是：1 男　2 女

您的专业学科：1 理科　2 工科　3 文科　4 艺术类

您所在年级：1 大一　2 大二　3 大三　4 大四

您的学习成绩情况：1 很差　2 差　3 一般　4 良好　5 优秀

您的家庭条件：1 好　2 较好　3 一般　4 较困难　5 困难

续 表

您家所在地是：1 农村 2 小城(镇) 3 城市

您有参加学校各类团学组织(包括担任班干部)吗？1 有 2 没有

您所在高校是＿＿＿＿＿＿＿＿＿＿＿＿＿＿＿

您高校所在的地市是＿＿＿＿＿＿＿＿＿＿＿＿＿

在大学里您担任了哪些职务？(请一一列出)＿＿＿＿＿＿＿＿＿＿

第二部分 学生领导力发展情况

下列语句是您对大学生领导力方面的描述,请在您觉得最合适的地方打"√"。

	完全不符合	不怎么符合	基本符合	高度符合	完全符合
1 在团队活动中有创造性的想法	1	2	3	4	5
2 很多人都认为您是个有创意的人	1	2	3	4	5
3 有创新意识	1	2	3	4	5
4 能执行自己有创意的想法	1	2	3	4	5
5 策划的活动方案基本能被采纳执行	1	2	3	4	5
6 会采用科学的方法来组织策划活动	1	2	3	4	5
7 对于您的决策或者意见,同学们很配合	1	2	3	4	5
8 善于把您所学的知识应用到实践中	1	2	3	4	5

续　表

	完全 不符合	不怎么 符合	基本 符合	高度 符合	完全 符合
9 拥有稳定的人际关系网	1	2	3	4	5
10 事情的成功很多取决于 集体的力量	1	2	3	4	5
11 自己是个很有团队意识 的人	1	2	3	4	5
12 在处理事情的时候,喜 欢跟别人合作	1	2	3	4	5
13 在做决定时,喜欢跟别 人讨论	1	2	3	4	5
14 善于与人沟通	1	2	3	4	5
15 具备良好的品德	1	2	3	4	5
16 善于学习接受新事物	1	2	3	4	5
17 善于自省	1	2	3	4	5
18 能很好地控制自己的情绪	1	2	3	4	5
19 在公共场合很少或偶尔 直接指出别人的错误	1	2	3	4	5
20 善于倾听	1	2	3	4	5
21 在某些社交场合,即使 心中不高兴也能够泰然 处之	1	2	3	4	5
23 能准确地判断他人的感 受或情绪	1	2	3	4	5
24 善于整理资料	1	2	3	4	5

续　表

	完全 不符合	不怎么 符合	基本 符合	高度 符合	完全 符合
25 善于理财	1	2	3	4	5
26 善于整合信息	1	2	3	4	5
27 善于自我管理	1	2	3	4	5
28 认为作为一名学生干部 很有意义	1	2	3	4	5
29 很愿意成为一名学生 干部	1	2	3	4	5
30 梦想当一位有影响力的 领袖人物	1	2	3	4	5

第三部分　家庭、学校在培养大学生
领导力方面的现状调查

1. 您认为家庭背景对自身领导力的形成和发展有多大影响?

　　A. 影响很大　　　　　　　　B. 有一定影响

　　C. 一般　　　　　　　　　　D. 影响较小

　　E. 几乎没有影响

2. 您的父母是否有意识地培养您的领导力?

　　A. 是　　　　　B. 否　　　　　C. 可能有,但我不确定

3. 您所在学校的学生干部领导力水平如何?

　　A. 非常好　　B. 比较好　　C. 一般　　　　D. 较差

　　E. 非常差

4. 您所在的学校是否开设了与"领导力"相关的课程?

A. 是　　　　B. 否　　　　C. 可能有,但我不确定

5. 您所在的学校是否设有精英培训班或类似组织?

A. 是　　　　B. 否　　　　C. 可能有,但我不确定

6. 贵校共青团素质拓展工作中是否包含领导力培养内容?

A. 是　　　　B. 否　　　　C. 可能有,但我不确定

7. 贵校共青团学生干部骨干培养中是否开展领导力培养实践活动?

A. 是　　　　B. 否　　　　C. 可能有,但我不确定

8. 贵校团员先进性教育中是否包含领导力培养内容?

A. 是　　　　B. 否　　　　C. 可能有,但我不确定

9. 您所在院系的学生素质评价中是否将领导力列入指标体系?

A. 是　　　　B. 否

10. 您的老师在教学中是否注重培养学生的领导力?

A. 是　　　　B. 否　　　　C. 可能有,但我不确定

11. 您所在的班级是否开展过领导力培养活动?

A. 是　　　　B. 否　　　　C. 可能有,但我不确定

12. 您认为家庭中兄弟姐妹的数量对您的领导力发展有多大影响?

A. 影响很大　　　　　　　B. 有一定影响

C. 一般　　　　　　　　　D. 影响较小

E. 几乎没有影响

13. 您的父母是否鼓励您参与家庭决策或讨论?

A. 经常　　B. 有时　　C. 很少　　D. 从不

14. 您所在的学校是否为学生提供领导力相关的讲座或工作坊?

A. 经常　　B. 偶尔　　C. 很少　　D. 从不

15. 您是否参加过学校组织的领导力培训项目或活动?

A. 是　　　　B. 否

16. 您认为学校的校园文化(如社团活动、竞赛等)对您的领导力发展有多大帮助?

A. 帮助很大   B. 有一定帮助

C. 一般   D. 帮助较小

E. 几乎没有帮助

17. 您所在的学校是否为学生提供跨学科或跨学院的领导力实践机会?

A. 是   B. 否   C. 不清楚

18. 您认为学校的教师是否具备足够的领导力知识和经验来指导学生?

A. 非常具备   B. 比较具备

C. 一般   D. 不太具备

E. 完全不具备

19. 您所在的学校是否与企业或社会组织合作开展领导力培养项目?

A. 是   B. 否   C. 不清楚

20. 您如何评价自己的领导力水平?

A. 非常好   B. 比较好   C. 一般   D. 较差

E. 非常差

附录三
正式量表与初测问卷
删除项目比对表

A卷	B卷	A卷	B卷	A卷	B卷	A卷	B卷	A卷	B卷
1	1	11	删除	21	删除	31	31	41	41
2	2	12	删除	22	22	32	32	42	42
3	3	13	13	23	删除	33	33	43	43
4	4	14	14	24	24	34	删除	44	44
5	5	15	15	25	删除	35	删除	45	45
6	6	16	16	26	删除	36	删除	46	46
7	7	17	17	27	27	37	37	47	47
8	8	18	18	28	28	38	删除	48	48
9	9	19	删除	29	29	39	删除		
10	删除	20	删除	30	30	40	40		

附录四
专家访谈表

专家访谈表

姓名		职务	
工作单位			

问题 1：您觉得大学生的领导力应该包括哪几种能力？

问题 2：贵校在培养大学生领导力方面有何措施？效果如何？

问题 3：您对培养大学生领导力有何建议和意见？

问题 4：您在对大学生的领导力培养过程中有何困难？

图书在版编目(CIP)数据

新时代大学生领导力的多维探索与提升路径研究/
房维维著. --上海：复旦大学出版社,2025.6.(2025.10 重印)
ISBN 978-7-309-18031-2

Ⅰ. G645. 5

中国国家版本馆 CIP 数据核字第 2025L93V58 号

新时代大学生领导力的多维探索与提升路径研究
房维维　著
责任编辑/王汝娟

复旦大学出版社有限公司出版发行
上海市国权路 579 号　邮编：200433
网址：fupnet@ fudanpress. com　http://www. fudanpress. com
门市零售：86-21-65102580　　团体订购：86-21-65104505
出版部电话：86-21-65642845
江苏凤凰数码印务有限公司

开本 890 毫米×1240 毫米　1/32　印张 8.75　字数 204 千字
2025 年 6 月第 1 版
2025 年 10 月第 1 版第 2 次印刷

ISBN 978-7-309-18031-2/G・2698
定价：80. 00 元